法然絵伝を読む

中井真孝著

佛教大学鷹陵文化叢書 12

思文閣出版

浄土宗開宗

法然上人行状絵図

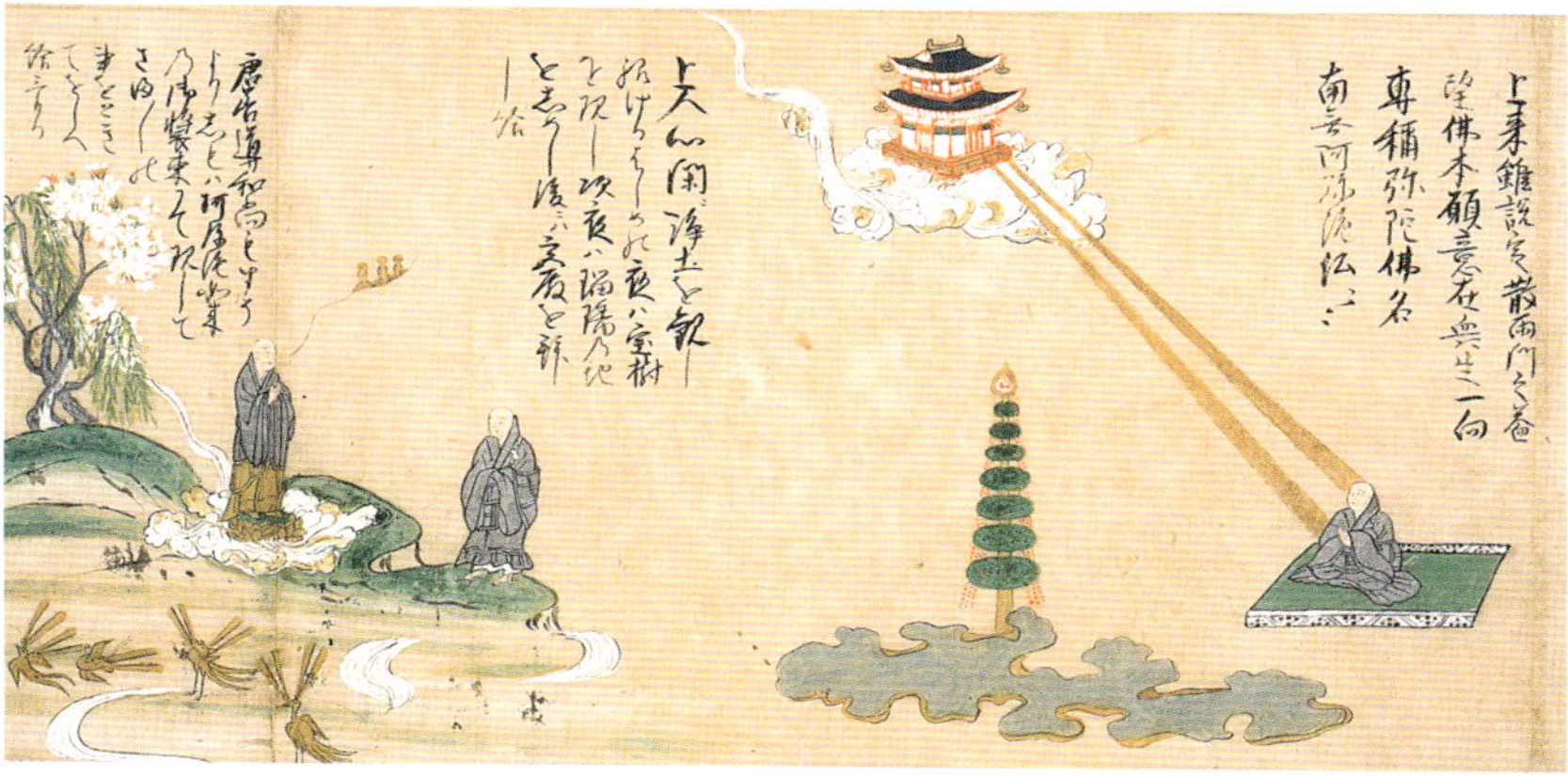

本朝祖師伝記絵詞(伝法絵)

法然上人伝絵詞（琳阿本）

拾遺古徳伝絵

遊女教化

法然上人行状絵図

本朝祖師伝記絵詞（伝法絵）

法然上人伝絵詞（琳阿本）

拾遺古徳伝絵

法然絵伝を読む※目次

佛教大学鷹陵文化叢書12

法然絵伝を読む

序章　法然絵伝の系譜

一　『伝法絵』の成立

ある人の生涯にわたる事績を、年月を追って記録したものを一般に伝記というが、古来よりわが国では「――（人名）伝」と呼んでいる。なかでも名僧の霊妙な言行を詳述したものを「――（人名）行状」とも称するが、両者は区分けしがたい。この「伝」や「行状」と名づけるにふさわしい、法然《ほうねん》上人《しょうにん》（以下「法然」という）の伝記としてもっとも早く成立したのは、『本朝祖師伝記絵詞』である。しかしこういえば、法然の伝記としてもっと早く成立したと見られるものに、『法然上人伝記』（醍醐本）とか『知恩講私記』があろうと反論されるに違いない。だが、史料としての成立がさかのぼれても、また書名がどうであれ、これらは法然の伝記資料ではあっても、「伝」や「行状」の範疇に入れることはできないのである。これまで最古の法然伝記と評価されてきた『源空聖人《げんくうしょうにん》私日記』は、実は先行する法然に関する伝記資料を抄記した二次的な伝記であって、オリジナル性は与えられない。

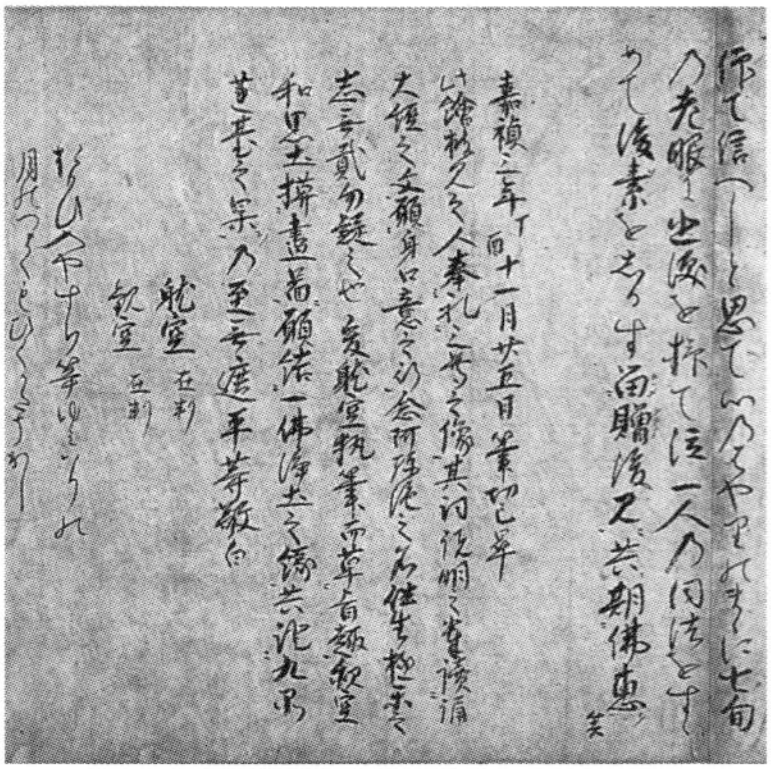

『本朝祖師伝記絵詞』巻二跋文

久留米の善導寺に所蔵する『本朝祖師伝記絵詞』四巻は、室町時代の模本であり、絵巻物の絵図は粗略の感を免れないが、詞書は原態を伝えていると考えられ、現存する唯一の完本である。『本朝祖師伝記絵詞』は後世につけた外題であって、巻三の内題の『伝法絵流通』（以下『伝法絵』と略称する）が本来の書名であり、しかも当初は二巻の構成になっていたと考えられる。巻二の跋文に、

嘉禎《かてい》三年丁酉十一月廿《にじゅう》五日筆功已《すで》に畢《おわ》んぬ。
此《こ》の絵披見の人は三尊の像を礼し奉り、其《そ》の詞《ことば》説明の輩《ともがら》は大経の文を読誦《どくじゅ》するがごとし。身口意《しんくい》の行を願ひ、阿弥陀の名を念じ、往生極楽の志に弐《ふたごころ》なく、之《これ》を疑ふこと勿《なか》れ。爰《ここ》に躭空《たんくう》筆を執りて旨趣を草し、観空《かんくう》墨を和《あ》へて画図《えず》を摸す。願はくは一仏浄土の縁を結び、共に九品《くほん》蓮台の果を証し、ないし無遮《むしゃ》平等ならむ。敬ひて白す。

躭空　在判
観空　在判

とあり（原漢文）、原本の『伝法絵』は躭空が詞を書き、観空が絵を描き、嘉禎三年（一二三七）に制作されたことがわかる。なお、巻四の跋文には、

> 永仁二年甲午九月十三日書き畢んぬ。執筆沙門寛恵《しやもんかんえ》満七十、手振ひ目闇《くら》しと雖《いえど》も、結縁の為に之《これ》を書く所なり。後見念仏申し訪《と》ひ給ふべし。

ともある（原漢文）。永仁二年（一二九四）に寛恵が書写したものを、さらに転写したのが現行の善導寺本ということになる。

さて、躭空と観空、そして寛恵が『伝法絵』を制作・書写した意図について考えよう。上記の跋文や、次の躭空・観空ら自身の言葉を参照すれば、およそのところが知られる。

> いま先師上人念仏すすめ給える由来を、画図にしるす事しかり。于時《ときに》嘉禎三年丁酉正月廿五日、沙門躭空記之《これをしるす》。（序文）

> 上件巨細《こさい》、将来までとどめんと念仏の処、古廟顚倒の日、無懺《むざん》の思《おもい》ふかくして、生死をいとひ、新発意《しんぼっち》の沙門、有縁のもよほすところ、互に言語をまじへ、共に画図の思索をめぐらして、後見のあざけりをわすれて前途を彼界におくる。（巻四末尾）

序文を法然の命日《めいにち》に記しており、『伝法絵』制作の意図は、法然への報恩と念仏弘通《ぐずう》のために、詞書と絵図を交えた絵巻物を作り、宗祖・法然の事績を明らかにすることにあった。ここに「絵伝」あるいは「伝絵」と呼ばれる絵巻物形式の伝記が生まれたのである。

平安時代から鎌倉時代にかけて、創建の由来や神仏の霊験を説く社寺縁起絵巻が登場するが、高僧の伝記にも絵巻があらわれた。文献に見える絵伝は、『吾妻鏡』建暦二年（一二一二）十一月八日条に、将軍家の絵合《えあわせ》で伊賀朝光が進覧した「吾朝四大師伝」の絵が源実朝の気に入ったとあり、『鎌倉遺文』の天福元年（一二三三）六月五日付け尊性《そんしょう》法親王書状に、尊性法親王が「安養尼絵」を書かせていたと見えるのが早い事例で、四大師（伝教・慈覚・智証・慈恵）や安養尼（恵心僧都の姉）の絵伝であったと推測されている。嘉禎三年（一二三七）の『伝法絵』は、その構成や内容が知られる早期の絵伝として注目されるところである。

社寺縁起や高僧伝の絵巻が制作されたのは、多数を相手にした伝道のための絵解きと考えられがちだが、絵巻の状態ではそうした使用には不便であり、保存もまた良好であるから、絵巻制作の目的は別の観点が求められよう。そこで二、三の絵巻の跋文を引いて検討したい（以下いずれも原漢文）。

右、縁起画図の志は、偏《ひとえ》に知恩報徳の為にして、戯論《けろん》狂言の為にはせず。

（専修寺蔵『善信聖人親鸞伝絵』）

予、藤門の末葉《まつよう》を稟《う》け、専ら当社の擁護を仰ぎ、敬神の懇志に耐へず。諸人の仰信を増さむが為に、大概之《これ》を類集す。

（宮内庁蔵『春日権現験記絵』）

此の御絵拝見の志ある類《たぐい》は、参詣を企て当社の拝殿に於《おい》て、之《これ》を開かしむべし。権門勢家《けんもんせいか》の命《めい》たりと雖も、更に社壇より出《いだ》すべからず。

（防府天満宮蔵『松崎天神縁起絵』）

これらの跋文から知られるように、絵巻の目的は神仏や祖師に対する報恩、崇敬の念や信仰心の培養にあって、社寺に奉納された絵巻は門外不出のいわば宝物ともいうべく、社寺に参詣してその絵巻を拝見することは、神仏や祖師のもとに「結縁」することを意味したのである。絵巻は信者獲得の伝道に用いられたとしても、絵解きのように多数を対象とするものではなく、許された範囲の極めて少数の人を対象にしたものと思われる。

現代風に表現すれば、絵巻は映像と文字の複合媒体であるところに最大の特徴がある。前引した『伝法絵』に、「此《こ》の絵披見の人は三尊の像を礼し奉り、其《そ》の詞《ことば》説明の輩《ともがら》は大経の文を読誦《どくじゅ》するがごとし」と述べているのは、絵巻の絵を披見するものには三尊像の礼拝と同じく、その詞を説明するものには経典の読誦と同じ思いを抱かせる性格の、仏像または経典に匹敵する宗教的形象であったことを示している。「此《こ》の絵」と「其《そ》の詞《ことば》」が連続していればこそ、「披見の人」と「説明の輩」の間に対等の一体感が生まれてくる。これこそが絵伝の世界なのである。

二 『琳阿本』と『古徳伝』

『伝法絵』が嘉禎三年（一二三七）に制作されて以後、永仁二年（一二九四）に書写されるまで約半世紀の間、流布の状況はわからないが、鎌倉時代の後半になると、いくつかの法然絵伝が出現した。それらは多かれ少なかれ、絵図や詞書において『伝法絵』を源流とする成立史的な系譜関係が認められる。絵伝は「伝」としての性格を重視すると、絵図よりも詞書の方に〝充実〟の跡がうかがわれるが、ここでは詞書が後続の絵伝ほど、先行の絵伝をもとに表現を模倣しつつ、次第に内容を豊かに、

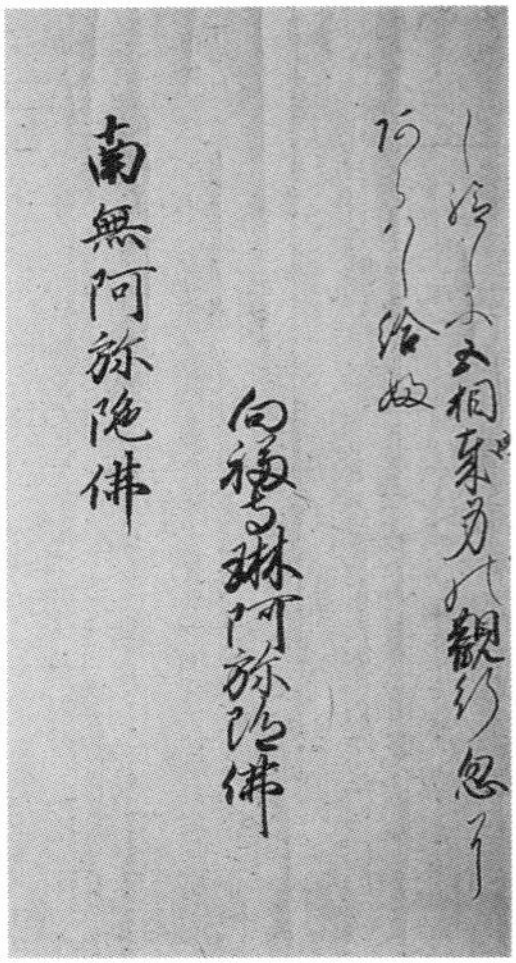

『琳阿本』巻二巻尾

記事を整えていく、という一般的な傾向が指摘できるのである。その理由は、原初の絵伝が絵図を中心に展開し、詞書はその説明だという性格をもつところから、いわば〝版を重ねる〟ごとに詞書が増補されていったと考えられる。

この『伝法絵』を祖本とする一群の法然絵伝のなかで、全巻にわたり絵図と詞書を具備して現存するのは、『法然上人伝絵詞』『拾遺古徳伝絵』および『法然上人行状絵図』である。以下、それぞれを解題しよう。

東京都港区の妙定院に『法然上人伝絵詞』*が所蔵されている。近世の写本だが、九巻すべて完全にそろっている。巻二の巻首と巻尾に「向福寺琳阿弥陀仏」、巻七の巻首に「向福寺琳阿」などと記すので、『琳阿本』と通称されている。この琳阿は撰者のように見えるが、西本願寺所蔵の『善信聖人絵』の題号の下に「向福寺琳阿弥陀仏」、上巻末に「琳阿弥陀仏主」などと別筆で署名する人物と同一人で、『琳阿本』の所有者と考えられる。おそらく『琳阿本』の原本にあった所有者の署名をも本文と同筆で書き写したので、あたかも撰者のごとく誤読されてきた。

*妙定院本には外題・内題ともに存しない。『法然上人伝絵詞』という題名は『浄土宗全書』に収録する際に付けられたらしい。東京国立博物館本には「法然聖人伝絵巻第八」と題号を記すので、『法然聖人伝絵』

または『法然上人伝絵』と呼ぶのが適切だとは思うが、本稿では浄土宗で用いている『琳阿本』の名を使う。『琳阿本』系統の絵伝として、栗林家本と東京国立博物館本が残存しており、『琳阿本』の第七・八巻に相当する。この二巻は原本でなく、それぞれ転写本であるが、画風から見て鎌倉時代の遺品と推測されている。妙定院本はかなり忠実に模写しており、その原本は同じく鎌倉時代にさかのぼる可能性が高いのである。そこで、栗林家本・東京国立博物館本・妙定院本の各原本は、同一のテキストからの分かれと解するのが穏当であろう。

後述するように、『琳阿本』は『拾遺古徳伝絵』(以下『古徳伝』と略称する)が依拠した先行の絵伝の一つだと推測されるので、その成立は『古徳伝』が制作された正安三年(一三〇一)より以前になる。『琳阿本』には跋文を欠くため、制作の意図は知りえない。しかし、一巻一段(序文)はその前半を『伝法絵』の詞章に依拠し、後半は撰者自身の手になるようで、とりわけ他の絵伝に見えない次のような独自の記事がある。

> 上人十三にして、叡山の雲によぢのぼりて、天台の金花にをひをほどこし、二九《にく》にして黒谷の流《ながれ》をくみて、仏法の玉泉に心をすます。みづから経蔵に入て、一切経をひらき見ること五遍、爰《ここ》に智証大師将来の善導の観経《かんぎょう》の疏《しょ》四巻を見給ふに、男女貴賤、善人悪人きらはず、平生臨終、行住座臥をゑらばず、心を極楽にかけて口に弥陀を唱《となう》もの、必《かならず》往生すといふ釈の心をみて、生年四十三より一向専修《せんじゅ》に入《いり》、自行化他ひとへに念仏をこととす。仍《よりて》南都北嶺碩徳《せきとく》みな上人の教訓に

したがひ、花洛砂塞《さそく》の緇素《しそ》あまねく念仏の一行に帰す。この故に世こぞりて智恵第一の法然、得大勢至の化身とぞ申《もうし》ける。上人誕生のはじめより遷化《せんげ》の後に至るまで、絵をつくりて九巻とす。

極めて短文ながら、世に讃えられるべき法然の事績と遺徳を書きあらわしており、この絵伝の〝総論〟に当たる。『伝法絵』よりも絵伝の趣旨が明確に示されていると言えよう。『琳阿本』は『伝法絵』を継承した絵伝であり、『伝法絵』よりもはるかに完成度が高いのである。

次は『古徳伝』である。門真市の願得寺に所蔵する『拾遺古徳伝絵詞』は、室町時代の詞書だけの古写本だが、その識語に当初の跋文を転写している（原漢文）。

時に正安《しょうあん》第三辛丑歳、黄鐘《おうしょう》中旬九日より太呂《たいりょ》上旬五日に至るまで、首尾十七箇日、瘏《やまい》を扶《ささ》へ眠りを忍びて之《これ》を草す。こと既に卒爾《そつじ》なり。短慮転《うた》た迷惑、紕繆《ひびゅう》なんぞ斯《これ》に靡《あら》ずや。俯《ふ》して乞《こ》ふ、披覧の宏才《こうさい》、要《かなら》ず取捨の秀逸を加ふのみ。

衡門隠倫《こうもんいんりん》釈覚如《かくによ》三十二才

これによると、親鸞の孫の覚如が正安三年（一三〇一）の十一月十九日から十二月五日まで、病を押し眠けを払って、わずか十七日間で仕上げている。『存覚一期記』の正安三年条に、この年冬のころ、鹿島門徒の長井導信の所望によって「黒谷伝九巻」を大上（覚如）が新たに草した、とあるのに符合する。このときに書かれたのは「伝」すなわち詞書の原稿であって、絵図の制作に時間がかかることを考慮すると、絵伝の完成は少し後になろう。

茨城県瓜連町の常福寺に所蔵する『古徳伝』は、全九巻そろった絵伝の完本である。奥書に、

元亨《げんこう》三歳癸亥十一月十二日、之《これ》を図画し奉《たてまつ》る。　願主釈正空《しようくう》

と記す（原漢文）。元亨三年（一三二三）に正空が願主となって制作せしめたが、覚如の撰述より二十年余り時がたつ。しかし、この常福寺本は、鎌倉時代の遺品が完本の状態で今日に遺存する点で、法然絵伝として『伝法絵』の善導寺本と並んでまことに貴重だ。もとは近くの上宮寺に伝わったが、徳川光圀《みつくに》によって常福寺に寄進されたものである。

ところで、詞書だけとはいえ、覚如が無理をして短期間で成し遂げたのは、導信の在京期限に迫られていたのであろう。そこで編集を急ぐために、手もとにあった先行の法然伝に依拠するところが多かったと想像される。この先行の法然伝とは、詞書の対照から明らかなように、第一に『伝法絵』およびその系統を同じくする異本、第二に『琳阿本』が想定される。そして絵伝のほかには、別個の「伝」として成立していた信瑞《しんずい》（敬西房《きようさいぼう》）撰述の『黒谷上人伝』や、これらの諸伝に収めていない法然の教義書、法語などが考えられている。とりわけ『琳阿本』とは詞書ばかりか、絵図においても近似性が指摘されており、『古徳伝』が『琳阿本』を参照するところが大きいのである。

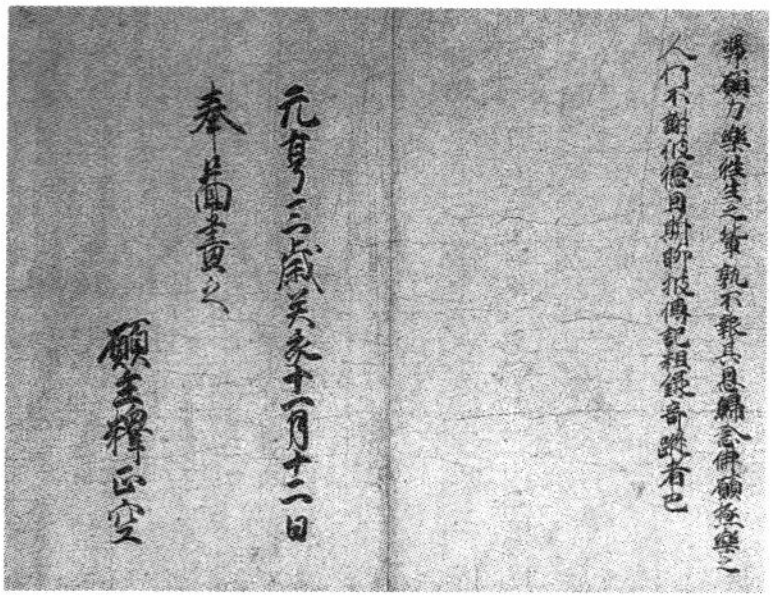
『古徳伝』奥書

題名の「古徳」は法然を指すが、「拾遺」とは漏れたものを拾

い補うことだ。文字通りに解すると、従来の法然伝に欠落したところを補充するという意味合いが込められている。その欠落とは撰者の覚如の立場からの判断にすぎず、具体的にはこれまでの法然伝でとりあげられなかった法然と親鸞の親密な師弟関係を示し、親鸞が法然の正統をうけついでいると解き明かすことであった。しかし、親鸞に視座を置くとはいえ、法然伝であることに変わりはなく、巻九の末尾に、

矧《いわ》んやまた末代罪濁《ざいじょく》の凡夫《ぼんぷ》、弥陀他力の一行に因《よ》り、悉《ことごと》く往生の素懐を遂ぐるは、併《しかしなが》ら上人立宗興行の故なり。願力を憑《たの》み往生を楽《ねが》ふの輩《ともがら》は、孰《たれ》か其《そ》の恩を報いざらん。念仏に帰し極楽を願ふの人は、何ぞ彼《か》の徳に謝せざらん。斯《これ》に因りて聊《いささ》か伝記を披《ひら》き、ほぼ奇蹤《きしょう》を録《しる》すものなり。

と述べている(原漢文)。『古徳伝』もまた『伝法絵』と同様に、凡夫往生の浄土宗を興行した法然への報恩を意図した。

三　『行状絵図』の制作

法然絵伝の中でもっとも浩瀚なものは、知恩院に蔵する『法然上人行状絵図』(以下『行状絵図』と略称する)。巻数にして四十八巻、段数にして二百三十五段の絵伝は、一人の伝記として、また絵巻物として、他に類例がないほどのボリュームを誇っている。序文に、

しかるに上人遷化《せんげ》ののち、星霜ややつもれり。教誡《きょうかい》のことば、利益《りやく》のあと、人やうやくこれを

そらんぜず。もしるして後代にとどめずば、たれか賢《けん》を見てひとしからむことをおもひ、出離の要路ある事をしらむ。これによりてひろく前聞をとぶらひ、あまねく旧記をかんがへ、まことをえらび、あやまりをただして、粗《ほぼ》始終の行状を勒《ろく》するところなり。おろかなる人のさとりやすく、見むものの信をすすめむがために、数軸の画図《えず》にあらはして、万代の明鑑にそなふ。往生をこひねがはむ輩《ともがら》、たれかこのこころざしをよみせざらむ。

という。先行する法然の諸伝記を集大成する意図をもつ絵伝だが、法然一期の「行状」にとどまらず、その教義、帰依した人びととの逸話、さらには門弟の伝記までを網羅したため、とても「数軸」に収まりきれない大量の詞書と絵図からなっている。

『行状絵図』の撰者と制作について、江戸時代中ごろの忍澂《にんちょう》が記した『勅修吉水円光大師御伝縁起』（以下『御伝縁起』と略す）に、後伏見上皇が叡山功徳院の舜昌《しゅんじょう》に勅して、「吉水（法然）門人の記する所の数部の旧伝を集めて大成」させたとある。舜昌は「近代杜撰《ずさん》の濫述」を捨てて、「門人旧記の実録」だけを取り用いて編集し、「徳治《とくじ》二年に初《はじ》まり、十年あまりの春秋」をかけて制作されたという。

舜昌が『行状絵図』の編者であったことは、彼の自著『述懐鈔』（延宝三年版）に「然《しか》る間、法然上人の勧化《かんげ》を画図に乗せ、弥陀称名の利益を巻軸に顕《あらわ》す」（原漢文）と記していることで明らかである。それは実際に『行状絵図』と『述懐鈔』の双方に照応する記事が存することで裏づけられる。ところが、成立の時期に関しては、現在のところ、さまざまな推測が提示されている。そのなかで有力な説を紹介すると、『行状絵図』(巻三十)の法然作の和歌の、

勝尾寺《かちおでら》にて
しばのとにあけくれかかるしらくもを　いつむらさきの色にみなさん此歌入玉葉集

を手がかりとする。この「此の歌、玉葉集に入る」という注記は本文と異筆ではない。したがって『行状絵図』は、『玉葉集』が撰進された正和二年(一三一三)より以後の成立と考えられる。そして、澄円《ちょうえん》(智演《ちえん》)が著述した『浄土十勝箋節論《じゅうしょうせんせつ》』(巻二)に次の一節がある。

従上《かみ》に引く所の上人の法語は、人皆之《これ》を知れり。汝胡《なんじなん》ぞ見ざるや。ただ小子ひとり之を得たるのみに匪《あら》ず。また知恩院の別当法印大和尚位舜昌、之を得て祖師行状画図の詞《ことば》となすなり。

浄土宗の教義に関する問答において、澄円が引用した法然の法語に疑いがもたれたので、彼はこの法語をひとり得たのではなく、舜昌もこれを得て、「祖師行状画図」の詞としたと反論した。「祖師行状画図」とは『行状絵図』を指しており、澄円が執筆した時点で舜昌は『行状絵図』の編集を終えていたのである。

『浄土十勝箋節論』は跋文が元応二年(一三二〇)に付され、序文が正中元年(一三二四)に書かれている。自序より跋文が先だという理由は明らかでないが、いったん成稿した後に補訂を加えて序文を書いたと考えれば、さして矛盾しない。そこで『行状絵図』成立の下限は、元応二年(一三二〇)

もしくは正中元年（一三二四）となろう。忍澂がよった史料はわからないが、徳治二年（一三〇七）より十年の歳月をかけてできあがったというのは、今のところ信じざるを得ないのである。

ところで、『行状絵図』は後伏見上皇が勅をもって集成せしめたから、浄土宗では「勅修御伝」と称して、もっとも権威ある法然伝として尊んできた。しかし、『黒谷上人絵』または『黒谷上人伝絵』が通り名であったようだ。「勅修御伝」と呼ぶようになったのは、元禄十年（一六九七）法然に「円《えん》光《こう》大師」と贈号された時期からで、その普及には忍澂の『御伝縁起』が大いにあずかったと考えられる。

「勅修」が後世の所産であったとしても、それゆえに『行状絵図』の価値が損なわれることはない。『行状絵図』は先行する法然伝と比べて、圧倒的に多量の法語・消息《しょうそく》・問答（対話）などを収録している。舜昌が資料収集に費やした努力は並大抵でなく、その際に便宜を得たのは、道光《どうこう》（了恵《りょうえ》）が編集した『黒谷上人語灯録《ごとうろく》』であろうと推測されている。『行状絵図』の法語や問答と『黒谷上人語灯録』のそれらを対照すると、用字の異同はともかく、『行状絵図』は原典をかなり正確に引用していることがわかる。

法然の伝記研究にとって、『行状絵図』はどのような位置を占めているのだろうか。前述のように、舜昌は「門人旧記の実録」をのみ取り用いて編集したという。舜昌がもっとも依拠した門人の旧記とは、法然に近侍した「聖覚《せいかく》法印・隆寛《りゅうかん》律師・勢観《せいかん》上人など、をのをの師の行業を録しとどめられける」ものであった。舜昌は、法然から遠ざかった時代に撰集された伝記は作為が多く、ほとんど信用するに足りず、世人を惑わすだけだと判断し、法然の直弟子たる聖覚・隆寛・勢観（源智《げんち》）らの記録した「師の行業」を「実録」と見て、そこに法然の真の事績を求めようとしたのである。しかし、門人の旧記だけで十分なのか。忍澂の『御伝縁起』はいう。

つらつら御伝の縁起を按《あん》ずるに、誠に僧中の公伝にして、古今に比類なき事にぞ侍《はべ》る。其《その》ゆへは、門人の旧記は上世の実録なれども、をのをの知れる所をのみ記せられしかば、たがひに書《かき》もらせる事なきにしもあらず。さればあまねく諸伝を通はし見ん事もわづらはしかるべきに、法印の総修は、数編の伝記にのする所、ことごとくそなはりて、さらに捜索のわづらひなし。いとめでたからずや。

舜昌は、法然の没後百年の時代の人であったが、『行状絵図』の編集に当たり、後代に属する人が作った諸伝記をできるだけ避けて、直弟子たる「門人」が記した「師の行業」によろうとした。ここに舜昌の伝記作者として着眼点のすばらしさがあり、それがまた『行状絵図』の史料的価値を高めているのだ。しかし一方で、門人の旧記は「実録」として尊重すべきだが、各自が知れることをのみ記して、内容に偏りがあり、脱漏する点も少なくない。諸伝を通覧すればよいのだが、かなり面倒である。舜昌が諸伝を「総修」したことで、捜索する必要がなくなったとある。

このように『行状絵図』を評価したのは、忍澂の識見によるものだが、今日の法然伝研究の水準に照らして十分に堪える見解である。「旧記の実録」を重視し、これらを「総修」した『行状絵図』は、法然の全貌をうかがうに最適の文献であろう。法然の伝記資料としては、『伝法絵』から『古徳伝』までの一群の絵伝以外に、『法然上人伝記』(醍醐本)『知恩講私記』『源空聖人私日記』などがある。これらは『行状絵図』より早い時期に成立しているから、史料的に〝良質〟だといわざるを得ないが、法然の全貌を描いているわけではないのである。

成立期の早い伝記資料だけによって、法然の実像に迫ろうと試みることは、史学の常道である。しかし、宗祖・法然の伝記は宗祖を追慕し、賛仰するために編纂されたのであるから、法然に帰依した作者が偉大な宗教者・救済者を描こうとするのは当然である。そこから史実だけを抽出して、それらを繋ぎ合わせたとしても、断片的に切り裂かれた肖像画を見るに等しい。むしろ〝伝記における法然像〟という限定づきのままで、法然の全体像を浮かびあがらせることが肝要である。そうした法然の全体像なら、絵伝の白眉たる『行状絵図』よりほかには求められない。

そこで、『行状絵図』*をテキストにして、第一章・法然の生涯、第二章・法然をめぐる人びと、の二部構成で歴史における法然像を構築しよう。ただし、詞書が冗長もしくは内容に乏しい巻・段を割愛するなど、とりあげる巻・段などは著者の判断によっており、いわば〝選読〟の形式をとりたく思う。

＊テキストは知恩院本の『行状絵図』を用いるが、引用する詞書は原文のままではなく、変体仮名を通行

の字体に改め、仮名書きあるいは漢字仮名混じり書きの読みづらさを避けるために、仮名を漢字に、漢字を仮名に当てるなど、適宜に改変を加えた。難しい漢字にはルビをつけたが、現代仮名遣いによっている。

なお、読みやすさを考慮して、漢字・仮名の書き換えの原則は必ずしも統一していない。

第一章　法然の生涯

誕　生

そもそも上人は、美作《みまさか》国久米の南条稲岡《いなおか》庄の人なり。父は久米の押領使《おうりようし》、漆《うるま》の時国《ときくに》、母は秦氏《はたうじ》なり。子なきことを嘆きて、夫婦心を一つにして、仏神に祈り申すに、秦氏夢に剃刀《かみそり》をのむとみて、すなはち懐妊《かいにん》す。時国がいはく、「汝がはらめるところ、定めてこれ男子にして、一朝の戒師たるべし」と。秦氏その心柔和にして、身に苦痛なし。かたく酒肉五辛《しん》を断ちて、三宝に帰する心深かりけり。（一巻一段）

つゐに崇徳院《すとくいん》の御宇《ぎよう》、長承《ちようしよう》二年四月七日午《うま》の正中《しようちゆう》に、秦氏なやむ事なくして男子を産む。時に当たりて、紫雲天にそびく。館《やかた》のうち家の西に、本《もと》ふたまたにして、末《すえ》しげく高き椋《むく》の木あり。白幡二流《しらはたふたながれ》飛び来たりて、その木末《こずえ》にかかれり。鈴鐸《れいたく》天に響き、文彩《もんさい》日に輝く。七日を経て、天

に昇りて去りぬ。見聞の輩《ともがら》、奇異の思ひをなさずといふことなし。（一巻二段）
所生の小児、字《あざな》を勢至《せいし》と号す。竹馬に鞭《むち》をあぐる齢《よわい》より、その性賢くして成人のごとし。ややもすれば、西の壁に向かひ居る癖《くせ》あり。天台大師童稚《どうち》の行状に違《たが》はずなん侍《はべ》りける。（一巻三段）

上人（法然）は、美作国久米南条郡の稲岡庄に生まれた。父は久米地方の治安維持に当たる押領使の役にあった漆時国、母は秦氏（名は不詳）である。夫婦の間に子供がいないのを嘆き、神仏に祈っていたところ、秦氏が剃刀をのむ夢を見て、たちまち懐妊した。時国は、これはきっと男子で、天皇の戒師になるだろうといった。秦氏は、酒・肉・五辛の類を断ち、深く三宝に帰依した。

崇徳天皇の長承二年（一一三三）四月七日の正午に、秦氏は男子を産んだ。その時、紫雲が空にたなびき、白い幡二流れが飛んで来て、館の西にある二股の椋の木の枝にかかった。その白幡は鈴が響き、色鮮やかに輝いて、七日たつと天に昇り去った。見聞の人は不思議な思いをした。

生まれた子の名を勢至という。竹馬で遊ぶ幼少のころから賢くて、西の壁に向かう癖があった。これは天台大師（智顗《ちぎ》）が童子であった時の行状と異ならない。

美作国稲岡庄に誕生（1巻2図）

『行状絵図』の上人誕生の記事は、「伝法絵」系の絵伝を継承している。ただし、『伝法絵』（巻一）は純然たる詞書とはならず、絵図の中に書かれた〈画中詞〉として、

如来滅後二千八十二年、日本国人皇《にんのう》七十五代崇徳院長承二年癸丑美作国久米押領使漆間朝臣《うるまあそん》時国一子生ずるところ。

とあるにすぎない。それが『琳阿本』（巻一）になると、

如来滅後二千八十年、人王七十五代崇徳院の御宇に、父美作国久米の押領使漆間朝臣時国、母秦氏、子なき事をうれへて、夫妻心をひとつにしてつねに仏神に祈る。妻の夢に剃刀をのむと見てはらみぬ。夢見るところをもつて夫にかたる。夫のいはく、汝がはらめる子さだめて男子にて、一朝の戒師たるべき表事也《なり》。それよりこのかた、その母ひとへに仏法に帰して、出胎の時にいたるまで、葷腥《くんせい》ものをくはず。長承二年癸丑四月七日午ノ正中におぼえずして誕生する時、二のはた天よりふる。奇異の瑞相也。権化《ごんげ》の再誕なり。見るものたなごころをあはす。四五歳より後、其《その》心成人のごとし。同稚《どうち》の

党《ともがら》に違躒《たくらく》せり。人皆是《これ》を嘆歓す。又ややもすればにしのかべにむかふくせあり。親疎《しんそ》見てあやしむ。いま法然上人と号する是也。

という長文に変わる。『行状絵図』が上人誕生と瑞相の記事を、その骨子において『琳阿本』によったことは明らかだ。諸伝と細かに比較すると、生誕地が「稲岡庄」というのはすでに『源空聖人私日記』(以下『源空私日記』と略称する)に出てくるが、おそらく『古徳伝』を見て補ったと思われる。上人の幼名を「勢至」とするのは『行状絵図』が最初であり、瑞相の二流れの幡を二股の椋にかかわらせたのは、『行状絵図』の潤色であろう。

父の死

これによりて、かの時国、いささか本姓に慢ずる心ありて、当庄稲岡の預所《あずかりどころ》、明石の源内武者《げんないむしゃ》定明《さだあきら》伯耆守源長明が嫡男、堀川院御在位の時の滝口也をあなづりて、執務に従はず、面謁《めんえつ》せざりければ、定明ふかく遺恨して、保延《ほうえん》七年の春、時国を夜討にす。この子ときに九歳なり。逃げ隠れて、物のひまより見たまふに、定明庭にありて、箭《や》をはけて立てりければ、小矢を持ちてこれを射る。定明が目の間に立ちにけり。この疵《きず》隠れなくて、事あらはれぬべかりければ、時国が親類のあだを報ぜん事を恐れて、定明逐電してながく当庄に居らず。それよりこれを小矢児《こやちご》となづく。見聞の諸人、感歎せずといふ

ことなし。（一巻四段）
時国ふかき疵を被《こうぶ》りて、死門にのぞむとき、九歳の小児に向かひて言はく、「汝さらに会稽の恥を思ひ、敵人《あだびと》を恨むる事なかれ。これ偏《ひとえ》に先世の宿業《しゅくごう》なり。もし遺恨を結ばば、そのあだ世々に尽きかたかるべし。しかじ早く俗を逃れ家を出て、我が菩提をとぶらひ、自らが解脱《げだつ》を求めんには」と言ひて、端坐して西に向かひ、合掌して仏を念じ、眠るがごとくして息絶えにけり。（一巻五段）

これ（漆時国の先祖は仁明天皇の後裔だという家系）により、時国は慢心して、稲岡庄の預所（領主に代わり荘園を管理する者）であった源内武者（源《みなもと》姓をもつ内裏護衛の武士）の明石定明をあなどり、その命令には従わず、面会もしなかった。恨みをもつ定明は、保延七年（一一四一）の春、時国を夜襲したのである。このとき九歳の勢至は逃げ隠れたが、物陰から庭を見ると、定明が矢をつがえて立っていたので、小さい矢をもって定明を射た。それが定明の両目の間に突き刺さった。定明は傷のために夜襲のことが露見すると、時国の親族から敵討《かたき》ちされるのを恐れて、稲岡庄から逐電した。そこで、勢至は「小矢児《こやちご》」と呼ばれた。

時国は重傷を負って、死にぎわに九歳の子に向かい、「お前は、戦いに負けた恥を思い、敵を恨んではならない。これは前世の宿業である。もし恨みを返そうとすれば、敵討ちは世々に

明石定明の夜討ち（１巻４図）

果てることがない。お前は出家して私の菩提を弔い、さらには自らの解脱を求めるのがよかろう」と遺言し、仏を念じて眠るように息絶えた。

『行状絵図』の定明による時国襲撃のことは、前段と同じく主として『琳阿本』に依拠している。明石の源内武者定明という敵の名前、定明が伯耆守源長明の子にして、堀河天皇在位のときの滝口であったこと、九歳の勢至が小矢をもって定明を射たので「小矢児」と呼ばれたこと、これらは『琳阿本』からの情報である。しかし、定明が時国に恨みをもった理由を『行状絵図』は、時国が先祖の血統を誇りにかけて、定明を侮蔑して面会しなかったからだとするが、『琳阿本』（巻一）は、

殺害の造意は、定明たか（ママ）をかの庄の執務年月をふるといへども、時国庁官《ちようかん》として是《これ》を蔑如《べつじよ》して面謁せざる遺恨也。

という。この方が事実に近いのではないか。『源空私日記』にも「美作国庁官漆間時国」と記しており、時国は美作の国衙《こくが》（国司の

父の死（1巻5図）

役所）に勤務する「在庁官人」＊であった。しかも「押領使」に任ぜられている。時国は稲岡庄の住人だから、当庄の預所である定明の「執務」（命令）に従うのが当然だ。ところが、時国は国司方に属する地方豪族としてその権力をかさに着て、荘園領主から派遣されてきた定明を無視したのであろう。荘園と国衙がなにかにつけて対立した時代の日常的光景だといえる。

なお、「伝法絵」系の絵伝では、時国は子に出家を勧めていない。

＊『平安遺文』の天承《てんしょう》元年（一一三一）九月十五日付け美作国留守所下文《くだしぶみ》に、在庁官人の「散位《さんに》漆——」が署判に名を連ねている。この漆某《なにがし》が漆時国であった可能性は高い。

『行状絵図』における時国の遺言は、遺恨と敵討ちの連鎖をいさめ、出家を勧めるものの、簡略な記述だという印象が否めない。『伝法絵』はこの数倍の量の言葉を割いている。ここは、絵伝の聞き手にとって最初のクライマックスであるから、いまわのきわの父の遺言は荘重であらねばならない。『伝法絵』『琳阿本』『古徳伝』は共通して、そうした工夫が見られる。これらの絵伝における父の遺言を抜粋しよう。

凡《およそ》生ある物はみな死をいたむ事かぎりなし。我《われ》このきずをいたむ。人又《また》いたまざらんや。我此《この》命ををしむ。人あにをしまざらんや。わがみにかへて、人の恩をしるべき也。（中略）願《ねがわく》は今度《このたび》忌縁をたちて、彼《かの》宿意をわすれん。意趣をやすめずば、いづれの世にか生死の紲《きずな》をたたん。（中略）然者《しからば》一向に往生極楽をいのりて、自他平等利益《りやく》をおもふべし。（『伝法絵』巻一）

菩提寺への入寺と上洛

当国に菩提寺《ぼだいじ》といふ山寺あり。かの寺の院主観覚得業《かんがくとくごう》と云《い》ひけるは、もと延暦寺の学徒なりけり。大業の望みを達せざることを恨みて、南都にうつり、法相《ほっそう》を学して所存をとぐ。久しの得業とぞ申しける。秦氏が弟なりければ、小児の叔《おじ》なる上、父遺言の事ありければ、童子かの室に入りぬ。学問の性《しょう》、流るる水よりも速やかにして、一を聞きて十をさとる。聞く所のこと憶持《おくじ》して、更に忘るることなし。（二巻二段）

観覚、小児の器量を見るに、いかにもただ人にはあらず覚えければ、いたづらに辺鄙《へんぴ》の塵《ちり》に混ぜん事を惜しみて、早く台嶺《たいれい》の雲に送らむことをぞ支度《したく》しける。しかるべき事にやありけむ。小児その趣を聞きて、旧里に留まる心なく、花洛を急ぐ思ひのみあり。（二巻三段）

さてしもあるべきならねば、叡岳西塔《えいがくさいとう》の北谷《きただに》、持宝房《じほうぼう》の源光《げんこう》がもとに遣はす観覚が状に云《いわ》く、

「進上　大聖《だいしよう》文殊像一躰《たい》」と。これ智恵のすぐれたる事を示す心なりけり。（二巻三段）

童子十五歳、近衛《このえ》院御宇久安《きゆうあん》三年春二月十三日に、千重《ちえ》の霞《かすみ》を分けて九禁《きゆうきん》の雲に入る。作り道にして法性寺《ほつしようじ》殿 忠通公、于時摂政 の御出《おいで》に参り会ひたてまつる。小児、馬より降りて道のかたはらに侍るに、御車をとどめられて「いづくの人ぞ」と御尋ねありければ、送りの僧ことの由を申し上ぐ。御礼儀ありて過ぎさせ給ふ。供奉《ぐぶ》の人々、存外の思ひをなす。（二巻四段）

美作国の菩提寺という山寺の住持は観覚得業と言い、もとは延暦寺の学僧であったが、南都に移って法相宗を学んで、ようやく学業を成就したので、久しの得業と呼ばれた。この人が母方の叔父に当たり、父の遺言もあるので、勢至は観覚の坊舎に入った。学問の性質がよくて、一を聞いて十をさとるほどの賢さで、聞いたことは記憶して忘れなかった。

観覚は勢至の器量を見て、通常の子でないと思ったので、田舎で埋もれさすことを惜しみ、比叡山（延暦寺）に送って本格的に学問をさせる心積もりをした。勢至は観覚の考えを聞くと、故郷にとどまる心はなく、早く都にのぼりたい思いにかられた。

さて、そう（母子の別れを嘆き悲しんで）ばかりもいかず、観覚は延暦寺西塔の北谷の持宝房源光のもとに遣わす手紙に、「大聖文殊菩薩像一体を進上す」と書いた。これは勢至の知恵が優れていることを意味した。

少年が十五歳になった久安三年（一一四七）の二月十三日に、ようやく都へ入った。鳥羽の作り道で摂政の藤原忠通《ただみち》の行列に出会った。忠通は道のかたわらに控えている少年を見つけ、車を止めて「いずこの人か」と尋ねた。付き添いの僧がことの由を言上すると、忠通が少年に会釈して通り過ぎたので、お供の人びとは意外に思った。

菩提寺への入寺のことは、『琳阿本』は欠落しているが、『伝法絵』および『古徳伝』に見えるので、同系の絵伝によっていることは明らかである。「久しの得業」という通称はすでに『伝法絵』にあらわれるが、その由来についてては『行状絵図』が独自の資料を探したのであろう。

比叡登山について、『伝法絵』や『琳阿本』は「師匠の命によりて比叡山にのぼるべきよし侍ける」とだけ記し、母子決別の話に移るが、『古徳伝』（巻一）はその前に、

爰《ここに》観覚その俊異なることを感じて、等侶《とうりょ》に語《かたり》て云《いう》、此児《このこ》の器量をみるに凡人にあらず。惜哉《おしきかな》、いたづらに辺国にをかんことは、といひて上洛すべきにさだむ。

と述べている。『行状絵図』は、この『古徳伝』を参照して文章をなしたものと考えられる。

この後の、子との別離を悲嘆する母を児童みずから慰める場面は、絵伝における第二のクライマックスである。「伝法絵」系の絵伝では、仏典の故事や母と決別して大成した人の話などを引き、かなり大仰だ。ところが『行状絵図』は、それらにまったく依拠せず、実に簡潔にして流暢《りゅうちょう》な名文であ

菩提寺観覚のもとに入室（2巻2図）

る。母が詠んだ「形見とてはかなき親の留めてし　この別れさへまたいかにせん」という歌は、諸伝いずれも掲げている。

持宝房源光に充てた書状は、『伝法絵』や『琳阿本』には本文に続けて「天養《てんよう》二年乙丑月日　観覚上　西塔北谷持宝房禅下」と日付・発信人・充所《あてどころ》までを記し、書状の形式を整えている。ところが、『行状絵図』はこれらを省き、次段の冒頭において「久安三年春二月十三日」に上洛したとする。こうした相違は、比叡登山の年を天養二年（一一四五）法然十三歳と、久安三年（一一四七）法然十五歳とする二説があったことによるものだ。

『知恩講私記』に「生年三五《しょうねんさんご》の春始めて四明山《しめいざん》に攀《よじのぼ》りて、同じき年の仲冬登壇受戒す」（原漢文）、また『法然上人伝記』（醍醐本、以下『醍醐本』という）の「別伝記」に「十五歳にして登山す。黒谷の慈眼房《じげんぼう》を師として出家授戒す」（原漢文）とあり、早期成立の法然伝に十五歳登山説が存していたので、『行状絵図』はそれを採用したと考えられる。しかし、受戒を久安三年の仲冬（十一月）とするのは、諸伝記において一致している。登山と受戒を同年とするか、登山を受戒の二年前とするか。法然の伝記における源光の位置を考えると、十三歳登山・十五歳受戒に蓋然性が高い。

上洛したとき、「法性寺殿」（忠通）の御出に行き会い、忠通が声をかけたという話は、『琳阿本』や『古徳伝』では「月輪殿《つきのわ》」すなわち九条兼実《かねざね》のこととする。しかし、兼実は当時まだ生まれていない。そこで『行状絵図』は、兼実の父の摂政であった忠通に改めたと思われる。『伝法絵』には該当記事がなく、御所車を描いて上洛したことを示すにすぎなかったが、同系の絵伝において、御所車の絵図から推して「殿下」（兼実または忠通）との出会いの話が創作されたと見なされている。先行の絵伝で詞書を伴わなかった絵図について、後続の絵伝でその説明のために新らしく詞書が作られた、という絵伝の発展の跡を知ることができる事例の一つだ。

受戒と修学

童子入洛《じゅらく》の後、まづ観覚得業が状を持宝房につかはす。源光、観覚が状を披覧して、文殊の像をたづぬるに、ただ小児のみ上洛せる由、使者申しければ、源光はやく児童の聡明なる事を知りぬ。すなはち児《ちご》の迎へにつかはしければ、同十五日に登山す。（三巻一段）

独木《まるき》架け橋あやうく、九花《きゅうか》色めづらし。持宝坊に至り給ひぬ。試みにまづ四教義を授くるに、籤《せん》をさして不審をなす。疑ふところ、みな円宗《えんしゅう》の古き論義なりけり。「まことにただ人にあらず」とぞ申し合へりける。（三巻二段）

この児の器量ともがらに過ぎて名誉ありしかば、源光、「我はこれ魯鈍《ろどん》の浅才なり。碩学《せきがく》につけて、円宗の奥義を究めしめむ」と言ひて、久安三年四月八日、この児を相具《あい》して、功徳院《くどくいん》の肥後阿闍梨《あじゃり》皇円《こうえん》のもとに行きて入室せしむ。（三巻三段）

同年十一月八日、華髪《けはつ》をそり、法衣を着し、戒壇院にして大乗戒を受け給ひにけり。（三巻四段）

ある時、すでに出家の本意をとげ侍《はべ》りぬ。今におきては跡を林藪《りんそう》にのがれむと思ふ由、師範の闍梨に申されければ、たとひ隠遁《いんとん》の志ありとも、まづ六十巻を読みて後、その本意を遂ぐべき由、闍梨いさめ給ひければ、「われ閑居を願ふ事は、永く名利《みょうり》の望みをやめて、静かに仏法を修学せんためなり。この仰せまことにしかなり」とて、生年十六歳の春、はじめて本書を開く。三箇年をへて、三大部をわたり給ひぬ。（三巻五段）

少年（勢至）は入洛の後、観覚からの書状を源光に届けた。源光はそれを読み、文殊像はどこかと尋ねたが、使者はただ小児のみが上洛したと返答した。源光はこの子が文殊のように聡明なることを悟り、すぐに迎えにやった。二月十五日、比叡に登った。

比叡の山道をたどり、観覚のいる持宝房に着いた。観覚は少年の学力を試すために、『四教義』という本を読ませたところ、少年は疑問に思う点を質問した。それらはみな天台宗の学者が昔から論議してきたところであって、周りのものは並の少年でないと話し合った。

この少年の才能が飛び抜けているとの評判が立ったので、源光は碩学のもとで天台宗の奥義を究めさせようとして、久安三年四月八日に、東塔西谷の功徳院にいる皇円（通称が肥後の阿闍梨）の弟子とした。

同年の十一月八日、少年は黒髪をそり、法衣を着て、戒壇院で大乗戒を受けた。

その後あるとき、少年は出家の本意を遂げたので、この上は人里離れた静寂な地にこもって修行したいと師匠の皇円に申し出た。皇円は、たとえ隠遁の願望があるとしても、そう急がずに、まずは天台宗の根本聖典で三大部と称される『法華玄義《ほっけげんぎ》』『法華文句《もんぐ》』『摩訶止観《まかしかん》』の各十巻、その注釈書である『法華玄義釈籤《しゃくせん》』『法華文句記』『摩訶止観輔行伝弘決《ぶぎょうでんぐけつ》』の各十巻、計六十巻を学ぶべきだと諭した。少年は、「私が隠遁を願うのは永久に名利を断ち切り、静かに仏法を修したいからであり、師の仰せはもっともなことだ」といって、十六歳の春から三年をかけて三大部を読破した。

『行状絵図』の第三巻は、比叡登山の年紀を除けば、ほとんどを「伝法絵」系の伝記によっている。

剃髪（3巻4図）

とりわけ文章表現から推すに、『古徳伝』との近似性が高いようである。ただし、源光が勢至の学力を試みようとして授けた書物を智顗《ちぎ》の『四教義』とするのは、他伝には見えない。勢至の幼少のころ西の壁に向かう癖は智顗と同じであった、というのに呼応させた『行状絵図』の創作ではないか。また、受戒のときを「伝法絵」系の諸伝は久安三年（一一四七）の「仲冬」とするが、『行状絵図』は「十一月八日」と日付まで記す。これは源光が勢至の非凡さに驚いて、皇円のもとへ連れていったのが「四月八日」とするのと同工の感を免れない。

源光は、菩提寺の観覚と知己であったという以外に、その事績はわからない。皇円は当代一流の学者で、『扶桑略記』という歴史書を著わしている。

三大部の学修について異説がある。『醍醐本』の［一期物語］には「十七の年より六十巻を亘《わた》る」、また［別伝記］には「談義を三所に始む。謂《いわ》く玄義一所・文句一所・止観一所なり。毎日三所を遇《めぐ》る。之《これ》に依りて三ケ年に六十巻を亘り畢《おわ》んぬ」とある（原漢文）。同じ伝記資料に、十七歳から開始したとする説や、三大部それぞれ師を別に学修したとする説が混在している。なお、十七歳開始説は『源空私日記』が採用している。

黒谷に隠遁

恵《え》解《げ》天然にして、秀逸の聞こえあり。四教五時の廃立《はいりゅう》、鏡をかけ、三観一心の妙理、玉をみがく。所立の義勢、ほとんど師の教へに超えたり。闍梨《じゃり》いよいよ感歎して、「学道をつとめ大業をとげて、円宗の棟梁《とうりょう》となり給へ」と、よりよりこしらへ申されけれども、更に承諾の詞《ことば》なし。なをこれ名利《みょうり》の学業なる事をいとひ、たちまちに師席を辞して、久安六年九月十二日、生年十八歳にして、西塔黒谷の慈眼房叡空《じげんぼうえいくう》の廬《いおり》にいたりぬ。幼稚の昔より成人の今に至るまで、父の遺言忘れがたくして、とこしなへに隠遁の心深き由を述べ給ふに、「少年にして早く出離の心を起こせり。まことにこれ法然《ほうねん》道理の聖《ひじり》なり」と随喜して、法然房と号し、実名《じつみょう》は源光の上の字と、叡空の下の字を取りて、源空《げんくう》とぞ付けられける。(三巻六段)

生れつき智恵が深く、秀才だという評判であった。天台宗の教理や修道をすっかり会得し、師の教えを越えることもあった。皇円はますます感嘆し、学業を大成させて、天台宗の統率者になるようにと、機会を見ては説得したが、期待に添うような返事はなかった。ついに名誉や地位を得るための学問を嫌って、すぐさま皇円のもとを去り、久安六年九月十二日に、十八歳のとき、西塔黒谷にいた慈眼房叡空の草庵を訪れたのである。叡空に、自分が幼年のころから成人した今まで、父の遺言を忘れたことはなく、永久に隠遁したいという意思が強いことを述べた。叡空は、年若くして生死《しょうじ》（迷妄の世界）を出離《しゅつり》したいと願う心を起こすとは、これこそ「法然道理の聖」（自然に道理をわきまえた修道者）であると喜び、法然房の号を与え、本名（諱《いみな》）は初めの師・源光の上字と叡空の下字をとって、源空と名乗らせた。

この段もまた大略、『伝法絵』『琳阿本』『古徳伝』などの絵伝に依拠している。皇円が学業を大成して「円宗の棟梁」となることを勧めたというが、当時の天台宗・延暦寺は権門化しており、高位の僧官・僧位を帯びるのは、皇族・貴族の子弟に限られていたから、皇円の言葉は空疎に聞こえたであろう。真摯な修道をめざした黒谷への隠遁は、世俗化した延暦寺にあって、生涯にわたり権勢との決別を意味する。『行状絵図』では隠遁を志して叡空をみずから訪ねたことになっているが、『琳阿本』（巻二）では皇円が「汝《なんじ》しからば黒谷に住して慈眼坊を師とせよ」と指示して、その室に連れていったとある。

法然は十八歳より以前に、叡空との出会いがなかったのか。『醍醐本』の［別伝記］に「十五歳にして登山す。黒谷の慈眼房を師として出家授戒す」とある（原漢文）。叡空を受戒の師だとすれば、受業の師たる皇円との間で、法然の修学や隠遁に関して、ある種の連携が存したと想定されよう。

黒谷に隠遁（3巻6図）

隠遁のときに叡空から授かったのは、「法然」という房号と、「源空」という法号（実名）とであるが、法号が始めて付けられたとは不自然だ。受戒のときに授かったはずの法号が『行状絵図』より先に成立した諸伝には見えない。大永六年（一五二六）に成立した『法然上人伝』（十巻伝）に、受戒のとき「円明房《えんみょうぼう》善弘」と名づけられたというが、しかし確証を欠く。『円光大師行状画図翼賛』（巻三）には、「登壇受戒シテ直《すぐ》ニ源空トコソハ申《もうす》メレ。叡空ノ室ニ入テハ法然房ト授ラル」と、合理的な解釈を試みる一説を紹介している。源空の法号は受戒のときに付けられ、隠遁のときには法然の房号だけを授かったというのだ。細かに諸絵伝を読むと、『伝法絵』（巻一）にはただ「法然といふ名は、のたまひける」とあって、法号には言及していないから、こう考えるのがむしろ妥当と思われる。

ところで、弁長《べんちょう》（聖光房《しょうこうぼう》）の著わした『徹選択本願念仏集《てっせんちゃくほんがんねんぶつしゅう》』（巻上、以下『徹選択集』と略称する）には次のような法然の言葉を伝えている。

世人みな因縁ありて道心を発《おこ》すなり。いはゆる父母兄弟に別れ、妻子朋友に離るる等なり。然《しか》るに源空は指せる因縁なく、法爾《ほうに》法然に道心を発す。故に師匠名を授けて法然と号す。（原漢文）

弁長が聞いたこの言葉は、諸伝と異なっている。道心を発すのは大抵の人が父母兄弟と死別したり、妻子朋友と離別したりしたことが契機となるのだが、法然は「指せる因縁なく、法爾法然」であったという。弁長が弟の気絶を眼前にして、天台の法門を差し置き、往生の行業を修することを決意した、と打ち明けたのに答えられたと想像される。「指せる因縁」がなかったというのは、弁長に比べての法然らしい控えめの言い方であったと考えられる。舜昌は『徹選択集』を読み、この言葉の直後の箇所を『行状絵図』の巻六に上人の法語として引用しながら、巻三の黒谷隠遁のところに「道心を発す」云々を引用しなかった。これは諸伝との〝矛盾〟を避けるためであったと思われる。

法相・三論の学匠を訪問

上人、黒谷に蟄居《ちっきょ》の後は、ひとへに名利をすて、一向に出要を求むる心切なり。これによりて、いづれの道よりか、このたび確かに生死を離るべきといふことを明らめむために、一切経を披閲すること数遍に及び、自他宗の章疏《しょうしょ》眼《まなこ》に当てずといふことなし。恵解《えげ》天然にして、その義理を通達す。（四巻一段）

保元《ほうげん》元年上人二十四のとし、叡空上人にいとまを請ひて、嵯峨《さが》の清涼寺に七日参籠《さんろう》のことありき。求法《ぐほう》の一事を祈請《きしょう》のためなりけり。（四巻二段）

清涼寺の参籠七日満じければ、それより南都へ下り、法相宗の碩学《せきがく》蔵俊《ぞうしゅん》僧都《そうず》贈僧正の房に至りて、修行者のさまにて「対面し申さん」と申されたりけり。大床《おおゆか》におはしけるを、僧都いかが思はれけん、明《あか》り障子《しょうじ》を開けて、内へ請《しょう》じ入れたてまつりて対面し、法談時を移されけり。宗義につきて不審を挙げられけるに、僧都返答に及ばざる事どもありけり。上人、試みに独学の推義を述べ給ひければ、僧都感歎して言はく、「貴房はただ人にあらず。恐らくは大権《だいごん》の化現《けげん》か。昔の論主《ろんじゅ》に会ひたてまつるとも、これには過ぐべからずと覚ゆるほどなり。智恵深遠《じんのん》なること言語道断なり」とて、二字をたてまつり、一期《いちご》の間毎年に供養をのぶること、怠りなかりけるとなん。（四巻三段）

醍醐《だいご》に三論宗の先達《せんだつ》あり。権律師《ごんりっし》寛雅《かんが》これなり。かしこに行きて所存を述べ給ふに、律師すべて物言はず、内に立ち入りて、文櫃《ふみびつ》十余合を取り出《いだ》して、「予が法門附属するに人なし。公《きみ》すでにこの法門に達し給へり。ことごとく秘書を附属したてまつる」とて、これを進ず。称美讃嘆の言葉かたはら痛きほどなり。進士《しんじ》入道阿性房《あしょうぼう》等、御供《おとも》してこの事を見聞して、奇特《きどく》の思ひをなしけり。（四巻四段）

上人（法然）は黒谷に隠遁した後、まったく名利を捨て、ひたすら生死を出離する道を求めた。そのために一切経（五〇四八巻）を閲読すること数回に及び、天台宗はもとより他宗の章疏（注釈書）をすべて読んだ。生来の聡明さにより理解することができた。

保元元年（一一五六）、上人が二十四歳のとき、叡空に休暇を請うて、嵯峨の清涼寺に七日間参籠した。これは求法のことを祈願するためであった。

清涼寺の参籠をすませ、それから奈良に向かい、法相宗の碩学の蔵俊僧都を訪れて、修行者のさまをして対面を求めた。上人が広縁に控えているのを見て、僧都は明かり障子を開け、部屋の中へ招き入れて面会し、法門の談義に時を移した。上人が法相宗の教義について不審な点を尋ねると、僧都は返答に詰まることもあった。そこで、上人が試みに独学した教義を述べると、僧都はその学識に感嘆して、「貴僧は直人《ただびと》（通常の人）でなく、仏・菩薩の権化《ごんげ》だろうか。昔の議論をよくする聖僧に会ったとしても、貴僧にはすぎるまいと思うほどで、智恵深きことは言葉にあらわせない」といって、本名を記した名簿《みょうぶ》を差し出し、弟子の礼儀をとり、それより生涯にわたって毎年、衣食などを進上した。

醍醐に権律師の寛雅という三論宗の学僧がいた。法然はこの律師のもとへ赴き、三論宗に関する見解を述べた。すると律師はなにもいわず、本箱十個ばかりを取り出し、私の法門を相承させたいと思う人物がいないが、貴僧はこの三論宗の奥義に達しているので、秘伝の書物を授けようといった。法然を称賛する言葉は、むしろ度をすぎる感じがした。進士入道の阿性房（印西《いんさい》）らが同行して、この話を聞き驚いた。

法然は黒谷に引きこもって、一切経や各宗の典籍を読み尽くした。『琳阿本』は黒谷の地勢について、谷深くして高嶺清し、道細くして跡かすかなり、春の花、夏の泉、秋の月、冬の雪、四季の感興、一処に備えたり、また甘き果あり、芳しき香あり、飢えを支えるに煩いなし、本尊あり聖教あり、と叙述している。静かな隠遁生活を送るには絶好の環境であった。

清涼寺の本尊・釈迦如来は三国伝来の霊像で、朝野の信仰を集めていた。釈迦如来から霊夢の告げを受けるために、人びとは何日も参籠したのである。法然も「求法の一事」を祈請するために参籠した。『琳阿本』や『古徳伝』には求法の目的を、天台の法門では「凡夫の得度」（愚かで凡庸な人を救う）が容易でないので、「凡夫の出離」を許すのであれば、『倶舎論《くしゃろん》』『大毘婆沙論《だいびばしゃろん》』のような小乗仏教の論書なりとも学ぼうと思った、と説明する。凡夫の救済とその方法を模索する、求法の道程がここに始まった。

諸宗の学匠訪問のことは「伝法絵」系の伝記にも見えるが、『行状絵図』が依拠したのは、『醍醐本』の［一期物語］である。たとえば、蔵俊が法然に語った言葉の、

直人《ただびと》に非ず、恐らくは大権の化現か。昔の論主に値《あ》ひ奉ると雖《いえど》も、之《これ》に過ぐべからざると覚ゆる程なり。知恵深遠なる事、言語同断せり。我が一期に供養を延《の》べんと思ふ志ありと云々《うんぬん》、

寛雅を訪問（4巻4図）

そして寛雅の言葉の、

先達惣《すべ》て言はず、既にして内に入りて文櫃十余合を取り出して云はく、我が法門に於て付属すべきの人なし、已《すで》に此《こ》の法門に達し給へり、悉《ことごと》く之を付属し奉らむ。

という箇所（原漢文）が『行状絵図』の文章に取り込まれている。

蔵俊や寛雅との法談は、［一期物語］がいうように「凡そ先達に値ふ毎《ごと》に、みな称嘆せらる」ことをあらわすためであったのか。そこに伝記作者の法然を偉大な人物に見せさせる仕掛けが存したとしても、『古徳伝』（巻二）に「聖人《しょうにん》法相宗の法門の自解《じげ》の義を述《のべ》たまふに」、「か（三論宗）の法門の自解の義をのぶるに」とあるごとく、自学した他宗の教義の正否を質《ただ》すところに目的があったと考えられる。*『行状絵図』は［一期物語］によりながらも、このあたりをよく押さえている。ただし、テーマは「凡夫の出離」であったと想像されるが、いずれの伝記も内容に触れていない。

＊『元亨釈書』巻五の法然伝には「凡そ大蔵《だいぞう》の経律論、他宗の章疏を検閲せざるはなし。空《くう》（源空）教義に於て自得の処あり。其《そ》の所蘊《しょうん》を質《ただ》さんと欲す。蔵俊に謁《まみ》えて唯識《ゆいしき》を述べ、慶雅《きょうが》に詣《いた》りて雑華《ぞうけ》を演《の》ぶ。二

師みな師承より踰《こ》ゆるを嘆くなり。是《これ》に因りて俊《しゅん》（蔵俊）は供物を贈り、雅《が》（慶雅）は章疏を寓《よ》す」（原漢文）と端的にまとめている。

華厳の学匠を訪ねる

仁和寺《にんなじ》に華厳宗《けごんしゅう》の名匠あり。大納言法橋慶雅《ほっきょうきょうが》と号す。仁和寺の岡といふ所に居住せるゆへに、岡の法橋とぞ申しける。醍醐にも通ひけるにや、醍醐の法橋ともいへり。かの法橋は、上人の弟子阿性房《あしょうぼう》の知り人なりければ、上人、華厳宗の不審を尋ね問はれんために、阿性房を相《あい》具して向かひ給へるに、法橋まづ左右《そう》なく申し出《いだ》すやうは、「弘法大師の十住心《じゅうじゅうしん》は、華厳宗によりて作り給へり。この旨を御室《おむろ》に申すところに、興あることなり、はやく勘《かんが》へ申すべき由、仰せを被《こうぶ》る間、このほど勘へ侍《はべ》るなり」と申すとき、初対面なれば、さてもあるべけれども、学問の習ひは、黙止しがたく思はれけるによりて、上人宣《のたま》ひけるは、「何しにかは、華厳宗にはより侍るべき。大日経の住心品《じゅうしんぼん》の心をもて作られたるにてこそ侍れ。第六の他縁大乗心《たえんだいじょうしん》は法相宗の心なり。第七の覚心不生心《かくしんふしょう》は三論宗なり。第八の一道無為《いちどうむい》心は天台宗なり。第九の極無《ごくむ》自性《じしょう》心は華厳宗なり。第十の秘密荘厳《ひみつしょうごん》心は真言宗なり」とて、初め異生羝羊《いしょうていよう》心より、終はり秘密荘厳心まで、各々《おのおの》偈《げ》を誦《じゅ》して、一々にその道理を釈し述べ給ひて、浅深を立て、勝劣を判ずることをば、諸宗各々難を加へ、不受し申すなり。天台宗に難じ申すやうはなど、詳しく釈し述べられ、また華厳宗の自《じ》解《げ》の様を細かに申し述べ給ふに、法橋これを聞きて、阿性房の縁に侍るを呼びて、「これは聞き給ふか、これがやうに心得てんに、往生し損じてんや」と感嘆して、「われこの宗を相承《そうしょう》すといへども、かくのごとく分明《ふんみょう》ならず。上人自解の法門を聞くに、下愚《かぐ》処々の不審を開く。他宗推《すい》度《たく》の智恵、自宗相伝の義理に超え給へり」とて、随喜感嘆はなはだし。かくのごとくして、互ひに法談数刻の後、「この宗の血脈《けちみやく》に入り侍らばや」と上人宣へば、「慶雅が上にや」と法橋申さるる間、「いかがさることは侍るべき。華厳宗をばことさら伝受したてまつらんと存ずるなり」と申されければ、血脈ならびに華厳宗の書籍、少々渡したてまつりぬ。さてかの法橋、最後には上人を招請して、戒を受け二字をたてまつる。戒の布施には、円宗文類《えんしゅうもんるい》といふ二十余巻の文を取り出《いだ》して、「慶雅はこの他は持ちたる物侍らず。上人も異物《こともの》をば、何にかはせさせ給ふべき」とて、黒谷へぞ送り進じける。（四巻五段）

仁和寺の双《ならび》が丘に「岡の法橋」という華厳宗の学匠の慶雅がいた。醍醐へも通うことがあったのか、「醍醐の法橋」と呼んだ。この人は阿性房の知人であったので、法然は華厳宗の不審を尋ねるために慶雅のもとを訪れた。慶雅は唐突に、「弘法大師の『十住心論』は『華厳経』に依拠して書かれている旨を御室（守覚法親王）に申しあげると、法親王は面白い見解だから、考えるところを述べよとの仰せだから、目下考察中である」と言い出した。法然は慶雅と初対面であったが、黙ってもいられないから、「『十住心論』がどうして『華厳経』を根拠としようか。『大日経』の十住心品の精神でもって作られたのであり、第六の他縁大乗心は法相宗、第七の覚心不生心は三論宗、第八の一道無為心は天台宗、第九の極無自性心は華厳宗、第十の秘密荘厳心は真言宗の心に該当する」と答え、十住心の第一の異生羝羊心から第十の秘密荘厳心まで、偈文《げもん》を唱えながら一つ一つその教えを解き明かした。教義の浅深、優劣を判別するに当たり、『十住心論』に説く諸宗の心を批難して、ここは納得せずとか、天台宗に批難を加えるのはこの点だとか、詳しく釈明したのである。

さらに法然が、華厳宗について独学した教義を申しあげると、慶雅はこれを聞き、縁側に控えていた阿性房を召して、「今の上人の話を聞いたか。このように心得ていたなら、往生し損なうことはあるまい」と感心した。そして慶雅は、「私は華厳宗を相承しているが、このように十分理解できていない。上人が独習された教えをよく聞いていると、私が不審に思っていたところが理解できた。他宗の宗義を推し量る智恵は、私が相伝する自宗の教えよりも超えている」と喜び感嘆した。このように、互いに法談して数時間たった後、法然が華厳宗の法脈相承の系図に名をとどめたいと言い、法橋が私の名の上に書き入れたいのかと尋ねると、法然はただ華厳宗を特に相伝したいだけだと申した。そこで慶雅は、法然に法脈相伝の系図と華厳宗の書籍若干を渡した。

ところで、慶雅は臨終の最期《さいご》に法然を招請して、戒を受けて名簿を呈して弟子の礼儀をとった。その際の布施に『円宗文類』という二十巻ばかりの本を取り出して、「私にはこれ以外何も持っていない。上人に他の物を差しあげても仕方ないから」といって黒谷へ送り届けた。

この華厳宗学匠訪問の段は切れ目がないので、ほとんど全文をとりあげた。慶雅（鏡賀・景雅とも書き、ともに「きょうが」と読む）との法門論議の話は、先行する伝記資料では『醍醐本』の［別伝記］が詳しい。煩雑だが、以下に引用する。

華厳宗の章疏を見立つ。醍醐に華厳宗の先達あり、行きて之《これ》を決す。彼の師を鏡賀法橋と云ふ。法橋云《いわ》く、我此《こ》の宗を相承すと雖《いえど》も、此れ程も分明ならず。上人に依りて処々の不審を開くと云々。之に依り鏡賀の二字を奉り、即ち梵網《ぼんもう》の心地戒品《しんちかいほん》を受く。或《あ》る時、御室より鏡賀の許《もと》へ華厳・真言の勝劣を判じて進むべしと云々。之に依り鏡賀思念すらく、仏智照覧し憚《はばか》りあり、真言を勝となす。

慶雅を訪問（４巻５図）

爰《ここ》に上人、鏡賀の許へ出で来給へり。房主悦びて云く、御室より此《かく》の如きの仰せありと云々。上人問ふ、何様に判じてか思《おぼ》し食《め》すと。房主云く、上の如くに申す。此《ここ》に上人、存外の次第なり、源空が所存一端を申さむとて、華厳宗の真言に勝たる事を一々に顕《あきら》かにせらる。之に依りて房主承伏して、御室の返答に華厳勝たるの由を申し畢《おわ》んぬ。（原漢文）

上記の［別伝記］が『行状絵図』の記事の根拠になっているようだ。しかし、両本を比較すると、話の展開が順序を追わず、［別伝記］の華厳・真言優劣論は、『行状絵図』では弘法大師の『十住心論』と各宗義の関係に置き換わっている。［別伝記］にしたがうと、法然は華厳宗の章疏を考察して、鏡賀のところへ行き、判断を仰ぐことにしたが、鏡賀はかえって上人から所々の不審を解決したと言い、上人に二字を呈し（弟子の礼をとり）、梵網戒（大乗戒）を受けたとある。これなら『行状絵図』の「また華厳宗の自解《じげ》の様を細かに申し述べ給ふに」以下の後半部に接続するような話で、法相宗の蔵俊、三論宗の寛雅と同工異曲の法談となるのだ。

この法然と鏡賀（慶雅）との法談は、『琳阿本』や『古徳伝』の絵伝にも出てくる。『古徳伝』（巻二）に、

又《また》慶雅法橋にあひて、華厳宗の法門の自解の義をのぶるに、慶雅はじめは侮慢《ぶまん》して、高声に問答す。後には舌を巻てものいはず。他門自解の義、自宗相伝の義にこえたるを感嘆して、華厳宗の章疏を白馬に負て黒谷へをくる。

とある。華厳宗の章疏を白馬に載せて黒谷へ送ったことは、信瑞の『黒谷上人伝』(『決答見聞』上巻所引)によったと見られる。

さて、法然が自学した他宗の教義の当否を問うて、その学識を称嘆された相手の学匠は、伝記資料によって異なる。『醍醐本』でも、[一期物語]は法相宗蔵俊・三論宗寛雅とするのに対して、[別伝記]では蔵俊・華厳宗慶雅とする。『伝法絵』では蔵俊・寛雅とするが、『知恩講私記』では蔵俊・慶雅の二人と見ているようだ。早期に成立した伝記類は、法相宗蔵俊・三論宗寛雅か、法相宗蔵俊・華厳宗慶雅かで異説を生じていたが、信瑞の『黒谷上人伝』や『琳阿本』『古徳伝』の絵伝にいたり、法相宗蔵俊・三論宗寛雅・華厳宗慶雅の三人説に拡大されたと考えられる。異説を〝矛盾なく〟解釈することを仏教では「会通《えつう》」というが、これはその典型であろうか。

念仏に帰す

上人、聖道《しょうどう》諸宗の教門に明らかなりしかば、法相・三論の碩徳、面々にその義解《ぎげ》を感じ、天台・華厳の明匠、一々にかの宏才《こうさい》をほむ。しかれども、なを出離の道に煩ひて、身心安からず。順次解脱《げだつ》の要路を知らんために、一切経を開き見たまふこと五遍なり。一代の教跡《きょうしゃく》につきて、つらつら思惟し給ふに、かれも難く、これも難し。しかるに恵心《えしん》の往生要集、専ら善導和尚の釈義をもて指南とせり。これにつきて開き見たまふに、かの釈には、乱想の凡夫、称名《しょうみょう》の行《ぎょう》によりて、順次に浄土に生ずべき旨を判じて、凡夫の出離をたやすく勧められたり。蔵経披覧のたびに、これをうかがふといへども、とりわき見たまふこと三遍、つゐに「一心専念弥陀名号《いっしんせんねんみだみょうごう》、行《ぎょう》住坐臥《じゅうざが》、不問時節久近《ふもんじせつくごん》、念々不捨者《ねんねんふしゃしゃ》、是名正定之業《ぜみょうしょうじょうしごう》、順彼仏願故《じゅんぴぶつがんこ》」の文に至りて、末世の凡夫、弥陀の名号を称せば、かの仏の願に乗じて、確かに往生を得べかりけりといふ理《ことわり》を思ひ定め給ひぬ。これによりて承安《じょうあん》五年の春、生年四十三、たちどころに余行を捨てて、一向に念仏に帰し給ひにけり。(六巻一段)

上人、一向専修《せんじゅ》の身となり給ひにしかば、つゐに四明の巌洞《がんどう》を出《い》でて、西山の広谷といふ所に居を占め給ひき。いくほどなくて、東山吉水のほとりに静かなる地ありけるに、かの広谷の庵《いおり》を渡して、移り住み給ふ。訪ねいたる者あれば、浄土の法を述べ、念仏の行《ぎょう》を勧めらる。化導《けどう》日に従ひて盛りに、念仏に帰する者、雲霞《うんか》のごとし。(六巻三段)

上人は諸宗の教義に詳しかったので、法相・三論宗の碩学が感嘆し、天台・華厳宗の学匠が賞賛した。それでもなお出離の道に悩み、心身が安らかでなかった。次の世での救済を求めるために、一切経を読むこと五遍に及んだ。釈尊一代の教えを熟慮してみると、どれもこれも難しい。ところが、恵心僧都《そうず》(源信《げんしん》)の『往生要集』は、善導和尚の経釈(『観経疏《かんぎょうしょ》』)を道しるべとしていたので、この『観経疏』に直接当たると、心の散乱する凡夫が仏の名を称《とな》えるだけで浄土に往生できる旨を説いていた。二度、三度と読むうちに、「一心に専ら弥陀の名号を念じて、行住坐臥に時節の久近《くごん》を問はず、念々に捨てざるをば、是《これ》を正定《しょうじょう》の業《ごう》と名づく。彼《か》の仏の願に順ずるが故に」という文章に会い、末世の凡夫は弥陀の名号を称えれば、かの仏の誓願によって確かに往生できるのだという信念を得た。そこで、承安五年（一一七五）の春、四十三歳のとき、たちどころに余行を捨て、ひたすら念仏に帰したのである。

上人は一向専修（専ら念仏だけを修する）の身となったので、比叡山を下り、京都西山の広谷に庵室を構えた。その後まもなく東山の吉水の静かな場所に移り住み、訪れるものがあれば浄土の法を語り、念仏の行を勧めた。上人の教化は日々に盛り、念仏に帰するものが群集した。

法然が「凡夫の出離」の道を求め、経典を博捜した〝魂の遍歴〟は黎明のときを迎える。法然が念仏に帰した典拠の章疏《しょうしょ》について、『醍醐本』の［一期物語］には、

是《こ》の故に往生要集を先達となして浄土門に入るに、此《こ》の宗の奥旨を闚《うかが》ふ。善導の釈に於《おい》て、二反《へん》之《これ》を見るに往生は難しと思へり。第三反《ぺん》の度《たび》に乱想の凡夫、称名の行に依りて往生すべきの道理を得たり。（原漢文）

とある。『行状絵図』が［一期物語］によったことは明白だ。一方、『伝法絵』（巻一）には、

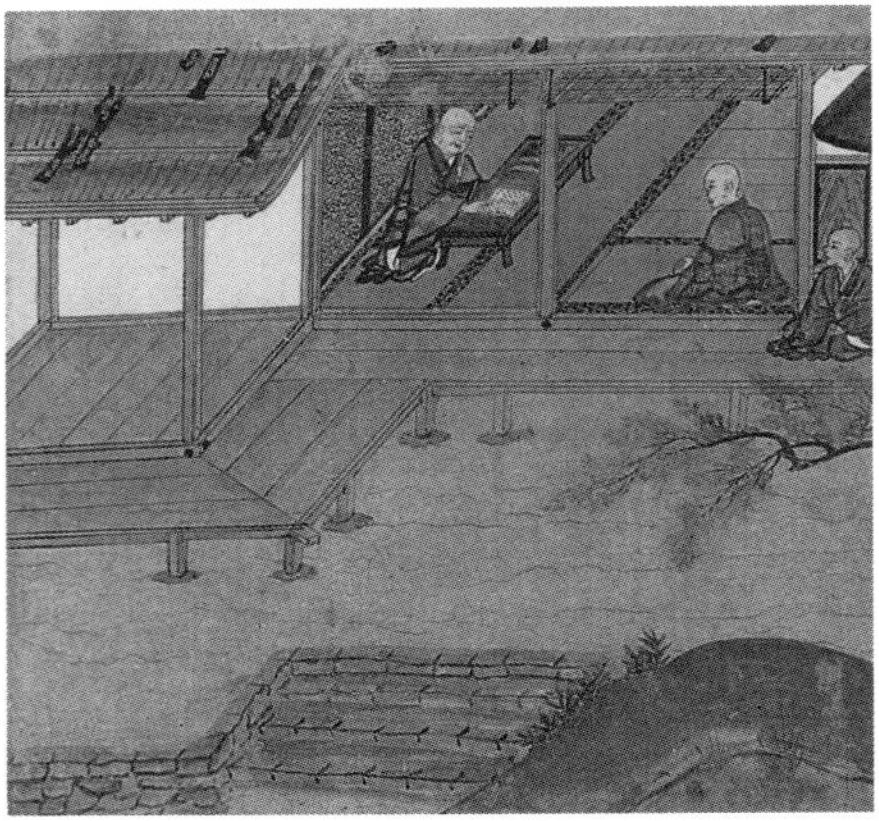

黒谷にて一切経披読（6巻1図）

事のはじめは、高倉院の御宇安元元年乙未齢四十三より、諸教所讃《しょきょうしょさん》、多在弥陀《たざいみだ》の妙偈《みょうげ》、ことにらうたく心肝にそみ給《たまい》ければ、戒品《かいほん》を地体として、そのころに毎日七万遍の念仏を唱《となえ》て、おなじく門弟のなかにもをしへはじめ給ける。

上来《じょうらい》雖説《すいせつ》定散《じょうさん》両門《りょうもん》之益《しやく》、望仏本願《もうぶつほんがん》意在衆生《いざいしゅじょう》、一《いっ》向専称弥陀仏名《こうせんしょうみだぶつみょう》、南無阿弥陀仏々々。

とあり、「諸教に讃ずる所、多く弥陀に在《あ》り」（多くの経典が阿弥陀仏をほめたたえている）という言葉が出てくる、天台三大部の注釈書の『摩訶止観輔行伝弘決』であったとする。*『伝法絵』が制作された時代は専修念仏に対する弾圧が激しく、諸宗とりわけ天台宗を刺激しない配慮からだと推測される。しかし、次行の「上《かみ》より来《このか》た定散両門の益を説くと雖《いえど》も、仏の本願に望むれば、意《こころ》は衆生をして一向に専ら弥陀仏の名を称せしむるに在り」というのは、ほかならぬ『観経疏』の文章である。絵巻の形態上は〈画中詞〉に近く、『伝法絵』が転写の過程で書き加えられた可能性があるが、法然の念仏に帰した拠りどころが『観経疏』であったことを否定しえなかったと思われる。

＊法然は『要義問答』（『語灯録』巻十三所収）のなかで、十方に浄土があるのになぜ西方浄土のみを願うのかという問いに対して、この言葉を典拠として引いている。法然が注目した言葉ではあるが、専修念仏を提唱するキー・フレーズとは考えられない。

『一期物語』では、『観経疏』のどの文章であったかを明示していない。「一心専念弥陀名号」云々の文は、絵伝では『琳阿本』に初めてあらわれるが、『行状絵図』の六巻四段の法語において、法然はこの文が「深く魂に染《そ》み、心に留めたるなり」と弁長に語っている。この法語は、弁長が嘉禎三年（一二三七）に著わした『徹選択集』から取材しているので、かなり信憑性が高い。

ところが、「上来雖説定散両門之益」云々の文もまた無視できない。おなじく『行状絵図』の六巻二段に、法然と師の叡空の間で、往生の業《ごう》には観仏（仏を観察し想念する）と称名のいずれが優れた行《ぎょう》であるかを論争したときに、法然がこの文を典拠にあげて称名が優れていると主張したとある。また五巻五段に、ある僧が法然に浄土宗を立てた論拠の文はなにかと尋ねたとき、法然は「善導の観経疏の附属の文なり」と答えている。『観経疏』の付属の文とは、「上来雖説定散両門之益」云々の文を指している。

『伝法絵』や『琳阿本』は、専修念仏へ帰した年を承安五年七月に改元された年号の「安元元年」として、黒谷から出て吉水に移り住んだことに言及しない。ところが『古徳伝』（巻二）は、念仏帰入の年紀にはふれずに、吉水移住の年を「承安五年甲午の春、行年四十二」とする。「甲午《きのえうま》」は承安四年に当たり、念仏帰入を承安四年（一一七四）より以前のことと見ているようだ。『元亨釈書』もまた吉水移住を承安四年とするが、これは『古徳伝』や『元亨釈書』の原拠となった信瑞の『黒谷上人伝』が誤ったものと考えられる。なお、『私聚百因縁集』（巻八）に「御年三十三、永万元年乙酉歳より始めて往生浄土教門に入る」とある、永万元年（一一六五）三十三歳説は諸伝に継承されていない。

講説の霊験

上人、黒谷にして華厳経を講じ給ひけるに、青き小蛇《こくちなわ》机の上にありけるを、法蓮坊信空《ほうれんぼうしんくう》に取りて捨つべきよし仰せられければ、かの法蓮房限りなく蛇におづる人なりけれども、師の命そむき難きによりて、出《いだ》し文机《ふづくえ》の明《あか》り障子を開け設けて、塵《ちり》取りに掃き入れて投げ捨てて、障子を立ててけり。さて帰りて見れば、蛇なを元の所にありけり。これを見るに、遍身《へんしん》に汗出《い》でて、恐ろしかりけり。上人見たまひて「など取りては捨てられぬぞ」と仰せられければ、法蓮房「しかじか」と答へ申さるるに、上人黙然《もくねん》として物も宣《のたま》はざりけり。その夜、法蓮房の夢に、大竜形を現じて、「我はこれ華厳経を守護する所の竜神なり。恐るる事なかれ」と言ふと思ひて、夢さめにけり。（七巻二段）

上西門院《じょうさいもんいん》、深く上人に帰しましまして、念仏の御志《こころざし》浅からざりけり。ある時上人を請じ申されて、七箇日《か》の間説戒《せっかい》あり。円戒《えんかい》の奥旨を述べ給ふに、一の蛇《くちなわ》、唐垣《からかき》の上に七日の間、動かずして聴聞の気色《けしき》なり。見る人怪しみ思ふほどに、結願《けちがん》の日に当たりて、かの蛇死せり。その頭《かしら》の中より一の蝶出でて空に昇ると見る人もあり。天人の形にて昇ると見る人もありけり。（七巻三段）

上人が黒谷で『華厳経』を講義していたとき、青い小さな蛇が机の上にいたのを、弟子の法蓮房（信空）に取り捨てるように命じた。法蓮房はとても蛇に怖気《おじけ》つく人であったが、師の命には背くことはできないので、書院の窓をあらかじめ開けておき、蛇を塵取りに掃き入れ、投げ捨てて障子を閉めた。ところが戻ってみると、蛇はもとの場所にいた。法蓮房は全身に汗を出し、恐ろしくなった。上人がどうして捨てないのかと尋ねると、法蓮房は今あったままのことを説明すると、上人は黙ってなにもいわなかった。その夜、法蓮房の夢に大竜があらわれて、われは『華厳経』を守護する竜神だから恐れるなかれ、と告げたかと思ったら、夢が覚めた。

上西門院（統子《とうし》内親王）は上人に深く帰依し、念仏への信仰があつかった。あるとき、上人を招いて七日間、説戒（戒律の講義）を聴聞した。上人が円頓戒《えんどん》（大乗戒）の奥義を述べていると、一匹の蛇が唐垣の上で七日間、じっと動かずに上人の話を聴聞しているような様子であった。結願（儀式の終了）の日にその蛇が死んだ。蛇の頭から蝶が出て空に昇るのを見たという人もいれば、天人の姿になって昇るのを見たという人もいた。

法然が黒谷に隠遁していたとき、『華厳経』の講釈の場に小さな蛇があらわれたという霊異は、『行状絵図』ほどに詳細でないが、『伝法絵』以下の諸伝に見える。蛇を恐れたけれども『華厳経』を守護する竜神の化身であるとの夢を見た人物が、『琳阿本』（巻二）が「円明《えんみょう》善信上人」とする以外は、ほとんどの伝記が信空であったとする。次節でも言及するごとく、多分にこうした霊異譚《たん》が信空の法系において語り伝えられていたことを示唆する。『行状絵図』は所引の記事につづけて、『華厳経』の竜宮での取得と翻訳時の霊瑞などを述べるが、編者の饒舌《じょうぜつ》というべきか。

『華厳経』講説の奇瑞（7巻2図）

上西門院における法然の説戒を蛇が聴聞し、結願の日に死んで蝶または天人の姿となり天に昇ったという話も、『伝法絵』以下の諸伝に見える。ただし、『伝法絵』などの絵伝が旅の聖《ひじり》が塚穴で『無量義経』を読誦《どくじゅ》する声を聞いた蝙蝠《こうもり》が天人となって忉利天《とうりてん》（帝釈天の住む大城）に上生した故事を述べるのに対して、『行状絵図』は中国の恵表《えひょう》が武当山《ぶとうざん》で『無量義経』を講読する声を聞いた青雀《せいじゃく》が寛喜園《かんぎえん》（忉利天の内）に上生した故事を引くという相違がある。いずれにしろこうした故事を付記するのは、『琳阿本』（巻四）に「今一の虵《くちなわ》、七日説戒の功力《くりき》にこたえて、虵道《じゃどう》の報《むくい》をはなれて雲をわけてのぼりぬるにやと、人々随喜をなす」と述べるように、講説の功徳によって蛇が畜生道を出離し、天上界に上生したことは、法然が「凡《およそ》ただ人にあらず」ということを例証するためであった。

さて、上西門院での説戒が行われた時期はいつか。『行状絵図』では特定できないが、『伝法絵』や『琳阿本』などは大原談義（問答）の後に、『古徳伝』は東大寺造営大勧進辞退の前に、それぞれ記事を配列しており、前者によれば文治二年（一一八六）以降、後者なら治承五年（一一八一）以前となり、大きく異なってくる。法然絵伝の系譜のなかで『伝法絵』の影響を受けながらも独自記事をもち、古態を存する増上寺所蔵の『法然上人伝』（二巻残欠本）は、大原談義と上西門院説戒の間に、

上西門院への説戒と奇瑞（7巻3図）

上西門院の御所には大原の念仏の事をきこしめされ、殊勝におぼしめし、源空《げんくう》上人をめされ、浄土の勘文を御物がたりありければ、上下かんるいをながしける。其後《そのご》七日の御説法有《ある》べきよし、御けいやくありけり。実に有がたかりける事どもなり。

という段を設けている。この上西門院談義のことは他伝に見えないが、説戒が大原談義より後だと考える文証になろう。

夢に善導と会う

上人ある夜夢見らく、一の大山あり、その峯《みね》極めて高し。南北長遠にして西方に向かへり。山のふもとに大河あり。碧《へき》水北より出《いで》て、波浪南に流る。河原眇《びょうびょう》々として辺際なく、林樹茫《ぼうぼう》々として限数を知らず。山の腹に登りて、はるかに西方を見たまへば、地より上《かみ》五丈ばかり上がりて、空中に一聚《じゅ》の紫雲あり。この雲飛び来りて、上人の所に至る。希有《けう》の思ひをなし給ふところに、この紫雲の中より無量の光を出《いだ》す。光の中より孔雀《くじゃく》・鸚鵡《おうむ》等の百宝色の鳥飛び出て、よもに散じ、また河浜に遊戯す。身より光を放ちて、照耀《しょうよう》極まりなし。その後、衆鳥飛び昇りて、もとのごとく紫雲の中に入りぬ。この紫雲、また北に向かひて、山河を隠せり。かしこに往生人あるかと、思惟《しゅい》し給ふほどに、また須臾《しゅゆ》に帰り来りて、上人の前に住す。やうやく広ごりて、一天下におほふ。雲の中より一人の僧出て、上人の所に来り住す。そのさま腰より下《しも》は金色《こんじき》にして、腰より上《かみ》は墨染《すみぞめ》なり。上人、合掌低頭して申し給はく、「これ誰人にましますぞや」と。僧答へ給はく、「我はこれ善導なり」と。「何のために来給ふぞや」と申し給ふに、「汝《なんじ》、専修念仏を広むること、貴《たつと》きがゆへに来れるなり」と宣《のたま》ふと見て、夢さめぬ。画工乗台《じょうだい》に仰せて、夢に見るところを図せしむ。世間に流布して、夢の善導といへるこれなり。その面像、のちに唐朝より渡れる影像にたがはざりけり。上人の化導《けどう》、和尚の尊意にかなへること明らけし。しかれば上人の勧進によりて、称名念仏を信じ、往生を遂ぐるもの、一州に満ち四海にあまねし。前兆のむなしからざる、だれの人か信受せざらん。(七巻五段)

上人はある夜、次のような夢を見た。大きな山があって、その峰は高く南北に連なり、西に向かっていた。山麓には大河があって、碧水が北から南に流れて、河原は広く樹木が茂り、尽きるところがない。夢の中で、上人は山の中腹まで登り、西の方を見ると、空中に一群の紫雲が上人のところまで飛んで来た。この雲の中から無量の光を放ち、光の中から孔雀や鸚鵡などさまざまな色をした鳥が飛び出し、四方に散ったかと思えば、河浜で遊び戯れている。鳥の体からも光を放ち、照り輝くこと極まりなく、やがて紫雲に隠れてしまった。その紫雲は北に動き、山川を覆い隠した。あの辺りに往生した人がいるのかと思っているうちに、その雲は上人の前で止まった。雲はやがて広がり、そこら一面を包み込んでしまった。雲の中から一人の僧があらわれ、上人の前に来た。僧の姿は腰より下は金色に輝き、腰より上は墨染め衣であった。上人がだれかと尋ねると、僧が「われは善導、汝が専修念仏を広めること、尊きゆえに来た」と答えたかと思うと夢がさめた。そこで上人は、画工の乗台に命じて夢に見た通りの様子を描かせた。これが世間に流布して、〈夢の善導〉といわれる絵画である。その善導の姿は、のちに中国から渡って来た影像と同じであった。

法然の教化が善導の意にかなうものであったことは明白だ。それゆえ、法然の勧めによって、称名念仏を信じ、往生を遂げる人たちが日本国中に満ちあふれるようになるが、その前兆たる瑞相は決してむなしくない。

法然と善導の夢中対面を、浄土宗では〈二祖対面〉という。ほとんどの法然伝がとりあげているが、『伝法絵』（巻一）は〈画中詞〉として、「唐善導和尚、もすそよりしもは、阿弥陀如来の御装束にて現じて、さまざまの事をときてをしへ給《たまい》ける」と極めて簡潔だ。しかし、絵図には夢中対面が描かれており、絵と詞が補完し合い、物語として十分に成り立っている。これにつぐ絵伝は少し詳しい詞書になるが、『琳阿本』と『古徳伝』では微妙な相違がある。『古徳伝』は『醍醐本』の［一期物語］と同じく、専修念仏の宣布（浄土開宗）にいたる確信の心象に位置づけているが、『琳阿本』では建久

夢中に善導大師と対面（7巻5図）

九年（一一九八）の三昧発得《さんまいほっとく》（後述）につづく霊験とみなし、「別伝」に依拠したことを明示する。

ここにいう別伝とは、法然の遺文を集めた『拾遺黒谷上人語灯録』（巻上、以下『拾遺語灯録』と略称する）に収める「夢感聖相記」、あるいは『西方指南抄』（巻中本）に載せる「法然聖人御夢想記」のごとき筆記録であろう。法然が夢の中で善導と対面したという霊妙な宗教体験を、法然自身が漢文体か和文体で記したものが、弟子の間で伝えられていたと思われる。その「夢感聖相記」によれば、文末に「建久九年五月二日記之《これをしるす》　源空」という跋語があり、建久九年の三昧発得と一連の宗教体験と見なしている。『行状絵図』は年月を特定しないところから、*「法然聖人御夢想記」と系統を同じくするものによったに違いない。また、夢から覚めた後に画工乗台に夢中対面を図せしめた〈夢の善導〉が世間に流布したことは、他伝にない記事である。

＊ただし十一巻四段においては、建久九年五月一日の夢とする。『行状絵図』の記事に統一性を欠く事例である。

三昧発得

上人、専修正行《しょうぎょう》年を重ね、一心専念功積もり給ひしかば、つゐに口称《くしょう》三昧を発《おこ》し給ひき。生年六十六、建久九年正月七日の別時念仏の間、初めにはまづ明相《みょうそう》現はれ、次に水想影《すいそうよう》現じ、後に瑠璃《るり》の地少しき現前す。同二月に宝地《ほうじ》・宝池《ほうち》・宝楼《ほうろう》を見たまふ。それより後、連々に勝相《しょうそう》あり。ある時は左の眼より光を出す。眼に瑠璃あり。かたち瑠璃の壺《つぼ》のごとし。壺に赤き花あり。宝《ほう》瓶《びょう》のごとし。ある時は、はるかに西方を見やり給ふに、宝樹《ほうじゅ》連なりて、高下心に従ひ、ある時は座下《ざげ》宝地となり、ある時は仏の面像現じ、ある時は三尊大身を現じ、ある時は勢至来現し給ふ。すなはち画工に命じて、これを写し留めらる。ある時は宝鳥・琴・笛等の種々の声を聞く。詳しき旨、御自筆の三昧発得の記に見えたり。かの記、上人存日の間は披露なし。勢観房《せいかんぼう》、遺跡《ゆいせき》を相承の後、これを披見せられけり。高野の明遍《みょうへん》僧都は、かの記を開き見て、随喜の涙を流されけるとなん。（七巻六段）

上人は専ら念仏の行を多年にわたり勤めて、その功が積もったので、ついに口称三昧（口に念仏を称えて心を集中させると、極楽の様相が眼前に見える状態になる）を発得した。上人が六十

三昧発得し、極楽を感見（7巻6図）

六歳の建久九年（一一九八）正月、七日間の別時念仏（期間を定めて念仏を称える）において、まず仏の光を感じ、つぎに極楽の水の影像があらわれ、のちに瑠璃色の地が少し見えた。二月には極楽の地・池・楼閣《ろうかく》を見た。それからは相次いで浄土の様相を見るようになった。あるときは左眼から光を出し、その眼に花瓶のような瑠璃壺が映った。あるときは西方を眺めていると、七宝の樹が連なり、心のままに高下した。座っているところが極楽の地と化し、阿弥陀仏や勢至菩薩が姿をあらわしたこともある。ときには美しい鳥の声や琴・笛などの音を聞いた。これらの詳しいことは、上人自筆の「三昧発得之記」に出ている。この記は上人の生存中は公表されず、勢観房（源智《げんち》）が上人の遺跡を相続した後に、初めて披見した。高野山に隠遁していた明遍僧都がこれを読んで喜びの涙を流したという。

法然が口称念仏によって三昧を発得して、極楽の依正《えしょう》二報《にほう》（阿弥陀仏およびその浄土）を感見したことは、いずれの伝記にも見える。『伝法絵』にはごく簡略な記事しかないが、『琳阿本』『古徳伝』は「上人（聖人）自筆の記に云《いわく》」と、別に存した伝記資料から抜粋しているようだ。これは『醍醐本』に収める「三昧発得之記」あるいは『西方指南抄』（巻中本）の「建久九年記」と同じものを指している。前者は漢語（漢文体）、後者は和語（和文体）という違いがあるが、内容はほぼ一致する。*『行状絵図』は法然が自筆したという「記」によりながら、かなり省略している。現存する「記」によると、建久九年（一一九八）正月・二月・八月・九月、正治二年（一二〇〇）二月、建仁元年（一二〇一）二月、同二年正月・十二月、元久三年（一二〇六）正月に、さまざまな異相があらわれている。

＊『拾遺語灯録』（巻上）にも「三昧発得記」を収めるが、『醍醐本』『西方指南抄』のそれらと系統を異にすると考えられている。

この「三昧発得の記」を法然に仮託した偽書だとする説もある。専修念仏を主唱した法然が、その教義に反して極楽の依正二報を観察することを志向するはずがない、というのが論拠だ。法然はたしかに観念の念仏を否定し、称名の念仏を選択した。しかし、ここにいう異相の現出は、「口称三昧」の宗教体験がもたらす〈幻視〉である。そうした神秘的な宗教体験をだれにでも公言できなかったからこそ、「上人存日の間は披露なし」とされたのだ。

霊山寺の別時念仏

所々《ところどころ》に別時念仏を修し、不断の称名を勤むること、みなもと上人の在世より起これり。その中に上人、元久《げんきゅう》二年正月一日より、霊山寺《りょうぜんじ》にして三七日《さんしちにち》の別時念仏を始め給ふに、灯《ともしび》なくして光明あり。第五夜に至りて行道するに、勢至菩薩同じく列に立ちて、行道し給ひけり。法蓮房《ほうれんぼう》夢のごとくにこれを拝す。上人にこの由を申すに、「さる事侍らん」と答へ給ふ。余人は更に拝せず。（八巻四段）

別時念仏を修することは、上人の在世のときから始まるが、上人は元久二年（一二〇五）の正月一日から霊山寺で二十一日間の別時念仏を行なった。灯火を点《つ》けないのに光が輝き、第五夜には勢至菩薩があらわれて同じく行道していた。霊妙なさまを見た法蓮房（信空）がそのことをいうと、上人は「そういうこともあるだろう」と答えたが、他のだれも見えなかった。

霊山寺での別時念仏における奇瑞の感得は、「伝法絵」系の諸伝にもほぼ同内容で記されている。ただし、勢至菩薩が行道に同列したさまを拝した人物を、諸伝では「ある人」とあって特定しないが、

勢至菩薩の来現（8巻4図）

『行状絵図』は信空とする。諸宗との融和を図るためであったのか、「伝法絵」系の諸伝では、たとえば『琳阿本』（巻二）に「法華三昧修行の時、普賢白象道場に現ず」「真言の教門に入《いり》て道場《どうじよう》観《かん》を修し給《たまい》しに、五相成身《ごそうじようしん》の観行忽《たちまち》にあらはし給ふ」と、天台・真言の修行にも異能ぶりを発揮した法然像を描いている。

そうした法然にまつわる霊験のなかでも、『伝法絵』（巻一）に「暗夜に経論を見給《みたまう》に、灯明なけれども屋内をてらす、ひるのごとし。信空上人同《おなじく》その光を見る」とある瑞相は、法然の「徳行」の一つに数えられていた。「暗夜に灯なく室を照らす」ことを感得したのが、法然に長く近侍していた信空であり、その門流に伝えられた著名な霊験譚《たん》であったためか、『行状絵図』では霊山寺の別時念仏にあらわれた瑞相も、また信空が「夢のごとく」見たと記したのであろう。ところで、霊山寺の別時念仏の時衆《じしゆう》（時刻を決め交代して別時の念仏に勤仕する人）十二人の名や現出した奇瑞を書き留めたものが別にあったらしく、『大原談義聞書鈔《おおはらだんぎききがきしよう》』や『私聚百因縁集《しじゆひやくいんねんしゆう》』に引かれている。その奇瑞は『行状絵図』と若干異なり、年紀については建久三年（一一九二）としている。

月輪殿における頭《ず》光踏蓮《こうとうれん》

同年四月五日、上人、月輪殿《つきのわどの》に参り給ひて、数刻御法談ありけり。退出の時、禅閤《ぜんこう》、庭上にくづれ降りさせ給ひて、上人を礼拝し、御ひたいを地につけて、やや久しくありて、起きさせ給へり。御涙にむせびて仰せられて言はく、「上人地を離れて、虚空に蓮華を踏み、後ろに頭光《ずこう》現じて、出《い》で給ひつるをば見ずや」と。右京権大夫《ごんのだいぶ》入道法名戒心・中納言阿闍梨《あじゃり》尋玄《じんげん》号本蓮房、二人御前に候ひける。みな見たてまつらざる由を申す。池の橋を渡り給ひけるほどに、頭光現じけるによりて、かの橋をば頭光の橋とぞ申しける。もとより御帰依深かりけるに、この後はいよいよ仏のごとくにぞ敬ひたてまつられける。(八巻五段)

元久二年(一二〇五)の四月五日、上人が九条兼実《かねざね》の邸宅(月輪殿)に行き、数時間の法談があった。上人が退出のとき、兼実が転げるように庭先に降り、上人を礼拝し、額を地につけた。しばらくして起きあがり、涙にむせびながら、「上人が地を離れて宙に浮き、蓮華を踏み、頭から光を放ち、退出されたのを見なかったか」とたずねた。藤原隆信《たかのぶ》(戒心)と阿闍梨尋玄(本蓮房)の二人が伺候していたが、二人はともに見なかったと答えた。池の橋を渡っている

頭光踏蓮の瑞相（8巻5図）

ときに頭光があらわれたので、この橋を「頭光の橋」と呼ぶようになった。兼実はもとより上人に深く帰依していたが、この後は上人をますます仏のように尊敬した。

法然に帰依した摂政の九条兼実は、法然をたびたび招き、法門談義した。その邸宅・月輪殿において現出した「頭光踏蓮」の瑞相について、「後ろに頭光を現ず」は、『伝法絵』（巻二）の「元久二年乙丑四月一日、於月輪殿《つきのわどのにおいて》、浄土の教籍御談、数剋《こく》の後、御退出の時、遥《はるか》に南庭をおはしましける御うしろに、頭光を現じ給《たまい》ければ、禅《ぜん》定《じょう》殿下くづれおりさせ給て、稽首帰命《けいしゆきみよう》したてまつりて、悲涙千行万行」という詞書と、絵図の僧形の人物に「沙弥戒心」「阿闍梨尋玄」と銘記しているのが基本となっている。

「蓮華を踏む」は、『源空私日記』の「或《ある》日聖人《しょうにん》、月輪殿に参上し、退出の時、地上より高く蓮華を踏みて歩む。頭光赫奕《かくえき》たり」（原漢文）を初出とする。『法然上人伝法絵』（高田本）や『琳阿本』、『古徳伝』になると、兼実に伺候していた藤原隆信*と尋玄の二人は、法然の頭光踏蓮の瑞相を拝むことができなかったという話が付加されてくる。「頭光踏蓮」の瑞相の話は、法然に随行した弟子らの見聞として語られたであろうが、『知恩講私記』に法然のことを「或《あるい》は弥陀の化身と云《い》ひ、或は勢至の垂跡と云ふ」（原漢文）と称賛したように、九条兼実もまた法然を仏菩薩の化現《けげん》と見たのである。それは〈幻視〉ともいうべき、兼実の瞬間的な宗教体験を表象したと考えられる。

＊藤原隆信は、『明月記』によると元久二年二月二十七日に没している。同年四月の「頭光踏蓮」の話に登場する人物にふさわしくない。しかし、伝記における霊験譚には、えてして時系列の矛盾がつきものである。

天皇・法皇への授戒と講義

高倉院御在位の時、承安五年の春、勅請《ちょくしょう》ありしかば、主上に一乗円戒を授けたてまつらる。卿《けい》相《しょう》頂戴し、宮人《きゅうじん》稽首す。清和御門《せいわのみかど》、貞観《じょうがん》年中に慈覚《じかく》大師を紫宸《ししん》に請じたてまつられ、天皇・皇后ともに円戒を受けましましき。上人、かの九代の嫡嗣《ちゃくし》として、法流ただ一器に伝はりき。はるかに古《いにしえ》の跡を興し給ひぬるこそ、いみじく侍れ。（十巻一段）
後白河法皇勅請ありければ、上人、法住寺の御所に参じ給ひて、一乗円戒を授け申されけり。山門・園城《おんじよう》の碩徳《せきとく》を召されて、番々《ばんばん》に往生要集を講じ、各々《おのおの》所存の義を述べさせせられけるに、上人、仰せに従ひて、披講し給ひけるに、「往生極楽の教行は、濁世《じよくせ》末代の目足なり。道俗貴賤、誰か帰せざらむもの」と読み上げ給ふより、初めて聞こし召さるるやうに、御肝《きも》に染みて貴《とうと》く、御感涙甚だしかりけり。御信仰の余り、右京権大夫隆信朝臣《あそん》に仰せて、上人の真影を図して、蓮華王院の宝蔵に納めらる。先代にもその例まれなる事とぞ、申し合へりける。（十巻二段）

承安五年（一一七五）の春、高倉天皇からの招請があったので、上人は天皇に円頓戒《えんどんかい》を授けた。殿上にいた公卿や女官《にようかん》たちも、頭を垂れて拝礼した。かつて清和天皇が貞観年中（八五九～七七）に慈覚大師（円仁《えんにん》）を紫宸殿（内裏の正殿）に招請し、天皇・皇后がともに円頓戒を受けたことがある。上人は慈覚大師の九代目の正嫡として、その法流を伝えて来た。上人が往古の先例を復興したことは、本当に尊いことだ。

後白河法皇からの招請によって、上人は法皇の御所（法住寺殿）に参上し、法皇に円頓戒を授けた。延暦寺や園城寺の高僧を召して、順番に『往生要集』を講義させ、各自その考えるところを述べさせたが、上人も仰せに従って講義した。上人が「極楽に往生するための教えと行ないは、濁り汚れた末世の人びとにとって、目となり足となる。道俗貴賤を問わず、だれひとり帰依しないものがあろうか」という序文の一節を読みあげると、法皇はこれを初めて聞いたかのように肝に銘じ、いたく感涙を流した。法皇は上人を信仰するあまり、似絵《にせえ》の名手の藤原隆信に命じて、上人の肖像画を描かせ、これを蓮華王院の蔵に納めた。このように、先例がないほどの厚遇であった。

高倉天皇受戒のことは、『伝法絵』や『琳阿本』が詳しいが、年紀を明記しない。『西方指南抄』所収の『源空私日記』には「高倉天皇御宇《ぎょう》得戒」とあるから、高倉天皇の御世に得戒されたと解釈すべきで、その「得戒」（受戒の意）の主語は、この直前に述べる、法然が「説戒」（戒を講説）した相手の上西門院を指す、という学説が今なお有力だ。ところが、「得戒」と「説戒」は厳密にいえば意味を異にし、まず文脈的に落ち着かない。この「宇」字を、『西方指南抄』を書写したときの衍字《えんじ》（誤って入った字）と見るのが正しいと思われる。そうすると、ここの箇所は「高倉天皇御得戒」となり、『源空私日記』もまた高倉天皇の受戒に言及していることになる。しかし、だからといって、法然の高倉天皇への授戒を史実と断定することは躊躇されよう。天皇の受戒となれば、法然伝以外の史料に記録されるべき公的な事件と考えるのが常識だからである。その史料を欠く現状では、慎重にならざるを得ない。

『行状絵図』は後白河法皇へ授戒したとするが、『伝法絵』や『琳阿本』などは「説戒」とある。いずれにしても、高倉天皇の場合と同じく史実と見ることは難しい。『往生要集』進講と真影描写のことは、「伝法絵」系の諸伝にほぼ同文で見えるところである。『醍醐本』に収める「禅勝房との問答」第十の問答に、上人は「源空は殿上に参るべき機量に非ずと雖《いえど》も、上《かみ》より召せば二度まで殿上に参れり。これ我が参るべき式に非ざれども、上の御力なり」（原漢文）と自ら述べている。御所に昇殿する身分や立場にいないが、上よりの召しにより特に許されて二度まで参上したとの言葉は、虚言とは思えない。二度のうちに『往生要集』進講のことがあって、それから法皇が感激して法然の真影を描

高倉天皇に授戒（10巻１図）

法然真影の描写（10巻２図）

かせた話に発展したとも考えられる。「伝法絵」系の諸伝は法然の「徳行」を列挙してたたえるが、たとえば「誰人《だれひと》か帝王の御ため御受戒の師となるや。誰人か法皇の御ため真影をうつしとどめらるるや」（『琳阿本』巻九）と、高倉天皇の受戒と後白河法皇による真影描写を、法然の徳行に数えている。

選択集の撰述

建久八年、上人いささか悩み給ふ事ありけり。殿下《でんか》深く御歎きありける程に、いく程なくて平愈し給ひにけり。上人、同九年正月一日より、草庵に閉ぢこもりて、別請《べつしょう》に赴き給はざりければ、藤右衛門尉重経《とうのうえもんのじょうしげつね》を御使ひとして、「浄土の法門、年来《としごろ》教誡を承《うけたまわ》るといへども、心府に納め難し。要文《ようもん》を記し給はりて、かつは面談になずらへ、かつは後の御形見にも備へ侍らん」と仰せられければ、安楽房外記入道師秀子を執筆として、選択集《せんちゃくしゅう》を撰せられけるに、第三の章書写の時、「予《われ》もし筆作の器に足らずば、かくのごとくの会座《えざ》に参ぜざらまし」と申しけるを聞き給ひて、「この僧憍《きょう》慢《まん》の心深くして、悪道に堕《だ》しなむ」とて、これを退けられにけり。その後は、真観房感西にぞ書かせられける。この書を撰進せられて後、同年五月一日、上人の夢の中に、善導和尚来応して、「汝《なんじ》、専修念仏を弘通《ぐずう》するゆへに、ことさらに来たれるなり」と示し給ふ。この書、冥慮《みょうりょ》にかなへる事知りぬべし。深く信受するに足れり。（十一巻四段）

建久八年（一一九七）に上人が少し病気にかかり、殿下（九条兼実）が深く嘆いているうちに平癒した。上人は翌年の建久九年（一一九八）正月一日より草庵にこもり、特別の招請があっても、外出しなかった。兼実は、右衛門尉の藤原重経を使者として上人のもとに遣わし、浄土の法門は年来承っているが、心腑に納めることが難しいので、大切な文章を記して下されば、それを読むことで面談の代わりにもなり、また後の世の形見にも備えたいと申し越した。そこで上人は、中原師秀《もろひで》の子の安楽房（遵西《じゅんさい》）を口述の書記役にして、『選択本願念仏集《せんちゃくほんがんねんぶつしゅう》』（以下『選択集』と略称する）を撰述した。第三章の筆写に及んだとき、安楽房は私に文才がなければこのような役を仰せつかるまいと自慢した。これを聞いた上人は彼の驕慢心を嫌い、書記役から退けた。その後は真観房（感西）に書かせた。『選択集』を撰進の後、この年五月一日の夜、上人の夢に善導和尚が来現し、法然が専修念仏を広めるがゆえに来たと語った。この書が善導の配慮にかなうことが知られよう。

法然の主著『選択集』は、その末尾に「今図らざるに仰せを蒙る。辞謝するに地《ところ》なし。仍《より》て今憖《なまじい》に念仏の要文を集め、剰《あまつさ》へ念仏の要義を述ぶ。ただ命旨《みようし》を顧《かえり》みて、不敏を顧みず」（原漢文）とあり、九条兼実の要請で書かれたことは明らかだ。その年紀について、『古徳伝』（巻六）は「月輪禅定博《つきのわぜんじようはく》陸《りく》*の教命に依《より》て、元久元年甲子《きのえね》の春、聖人撰集したまふ」と、元久元年（一二〇四）撰述説をとるが、

『選択集』の撰述（11巻4図）

これは信瑞の『黒谷上人伝』に依拠したものと考えられる。しかし、法然の直弟子である源智や証空が書いた『選択要決』『選択蜜《みつ》要決』などの注釈書においても、建久九年の撰述とするので、浄土宗では建久九年説を採っている。

＊「月輪」は九条兼実の別邸「月輪殿」を指し、「禅定」は出家した人、「博陸」は関白の唐名。月輪・禅定・博陸のいずれも、九条兼実の実名を避けた表現。

この建久九年という年は、六十六歳の法然にとってさまざまなことが起きた。前述した「三昧発得の記」によると、正月一日より七日間の別時念仏を行ない、引き続いて二月七日まで連日、六～七万遍の念仏を唱えたが、この間、極楽の様相を感見した。二月二十八日より病気のために日課の念仏を一～二万遍に減らしたが、なおしばしば瑞相を感得している。七月の下旬にようやく所労が回復したので、八月からもとのごとく六～七万遍の念仏を唱えた、という。

病気はかなり深刻であったようだ。『拾遺語灯録』（巻中）に収める四月二十六日付けの「津戸《つのと》三郎へつかはす御返事」は、この年のものと考えられているが、それによると病状がわかる。正月のころより風邪をひき、別時念仏を勤めている間にこじらせ、二月十日ごろから高熱で口がかわき、身が痛み出した。四月になっても癒えず、どうなることかと心配だが、医師の勧めで灸や湿布をしたり、中国の薬を服して、少しはよくなった、とある。

二月末から七月末まで、法然は病気に苦しみ、一時は覚悟したらしく、四月八日付けで「没後起請文《もつごきしょうもん》」を書き、死後の仏事の修し方や財産の処分に関して遺言している（『語灯録』巻十）。老齢の法然の病状を憂慮した兼実が「御形見」とすべき教義書を所望したのも無理からぬことである。

清水寺阿弥陀堂の常行念仏

上人、清水寺《きよみずでら》にして説戒のついでに、罪悪の凡夫なれども、本願をたのみて念仏すれば、往生疑ひなき旨、懇《ねんご》ろに勧め給ひければ、寺家の大勧進沙弥印蔵《だいかんじんしゃみいんぞう》、深く本願を信じ、ひとへに念仏に帰す。これによりて、文治四年五月十五日、滝山寺《たきやまでら》を道場として、不断常行念仏三昧《ふだんじょうぎょうねんぶつざんまい》を始めしに、能信《のうしん》といへる僧、香炉をとりて開白発願《かいびゃくほつがん》して行道するに、願主印蔵・寺僧等、ならびに比丘《びく》・比丘尼《に》その数を知らず結縁しけり。その行、今に退転なし。阿弥陀堂常行念仏と号する、これなり。（十三巻三段）

上人は、清水寺で説戒したときに、罪悪生死《しょうじ》（罪悪を犯して生死の世界に迷う）の凡夫であっても、阿弥陀仏の本願にすがり念仏すれば、必ず往生できる趣旨のことを述べ、念仏を勧めた。清水寺の大勧進（寄付を募る役）の印蔵がそれを信じて念仏に帰した。文治四年（一一八八）五月十五日に、滝山寺（清水寺の阿弥陀堂）で不断常行念仏を始めた。能信が発願の文を読みあげて行道の先頭に立ち、印蔵を始め寺僧など、多くの僧尼が結縁した。この不断念仏は阿弥陀堂の常行念仏と呼び、今も絶えることなく続けられている。

清水寺における説戒の法座で、法然が念仏の行を勧めたので、同寺大勧進の印蔵が帰依し、滝山寺を道場として不断常行念仏を行なったことは、『伝法絵』以下の法然絵伝に見えるが、建久元年（一一九〇）の秋のこととする。江戸時代の学僧・義山らが著わした『行状絵図』の注釈書である『円光大師行状画図翼賛』は、専修念仏を提唱する法然が「雑修」に当たる戒を説くことについて、「大師既ニ雑行ヲ捨テ正行ニ帰シ給フ。而《しか》ルニ還《かえっ》テ弘《ひろ》ク戒ヲ勧メ給フ事ハ何ゾヤ」と疑義を起こし、念仏と持戒の関係を論じている（巻十三）。しかし、法然が持戒を雑行だとしたのは往生の行業にならないからであって、戒律そのものを否定したわけではない。受戒は仏教入門の儀礼であり、法然が浄土の法門を説くには、まず受戒を終えたものを対象としたはずだ。『行状絵図』に例をとると、元久二年（一二〇五）正月二十一日に多くの尼や女房たちが法然の庵室を訪ねて、「戒をも受けたてまつり、念仏往生の様をも承《うけたまわ》らむ」と申したところ、法然は「まづ戒を授けられ、その後、浄土の法門を述べ給ふ」ている（巻二十四）。このように、法然の「説戒」と「念仏」の勧化は、決して矛盾していないのである。

不断念仏は「常行三昧」とも称する。一定の期間、僧（結《けっ》衆《しゅう》）が交替で四六時中絶え間なく、身は阿弥陀仏像の周りを行道し、口に『阿弥陀経』を唱え、心に阿弥陀仏を念ずる、円仁が伝えた天台宗の行法である。平安時代の当初は「観想」の念仏を主体とし、五種の音声による陶酔的な夢幻世界に没入することを目的にしていた。しかし、法然は「別時の念仏」を奨励して「我が身をもことに清めて道場に入りて、或《ある》いは三時、或いは六時なんどに念仏すべし。もし同行なんどあまたあらん時は、代はる代はる入りて不断念仏にも修すべし」と述べ（『行状絵図』巻二十一）、交代で不断に念仏を唱えるという意味で用いている。法然の時代には「不断念仏」は「別時念仏」の一形態になっていた。

法然絵伝の祖形である『伝法絵』は、天台宗の僧としての法然を描くことに終始したと評されることがある。だが、そこに

清水寺で説戒と念仏勧化（13巻 3 図）

専修念仏者の法然の姿を見取ることは可能だ。

大原での談義

その後たがひに言説なくして、上人帰り給ひて後、法印宣《のたま》ひけるは、「法然房は智恵深遠なれども、いささか偏執の失あり」と。上人、この事を返り聞き給ひて、「わが知ざる事には、必ず疑心を起こす事なり」と宣ひけるを、法印、また返り聞き給ひて、「まことに然《しか》なり。われ顕密《けんみつ》の教文に稽古を積むといへども、しかしながら名利《みょうり》のためにして、浄土を志さざる故に、道綽《どうしゃく》・善導の釈義をうかがはず。法然房にあらずば、誰かかくのごとくの言葉を出《いだ》すべきや」とて、この言葉に恥ぢて、百日の間、大原に籠居《ろうきょ》して、浄土の章疏《しょうしょ》を披閲し給ひて後、「すでに浄土の法門をこそ見立て侍《はべ》りにたれ。来臨して談ぜしめ給へ」と仰せられたりければ、文治二年秋のころ、上人大原へ渡り給ふ。東大寺の大勧進俊乗房重源《しゅんじょうぼうちょうげん》、いまだ出離の道を思ひ定めざりけるを、哀れみ給ひて、この由を告げ仰せられたりければ、弟子三十余人を相具《あいぐ》して、大原に向かふ。勝《しょう》林院《りんいん》の丈六堂に会合《えごう》す。上人の方には、重源以下の弟子ども、その数集まれり。法印の方には、山門徒以下の碩学、ならびに大原の聖《ひじり》たち座し連なれり。山門の衆徒《しゅと》を始めて、見聞《けんもん》の人多かりけり。論談往復する事、一日一夜なり。上人、法相《ほっそう》・三論・華厳《けごん》・法華・真言・仏心等の諸宗にわたりて、凡夫の初心より仏果の極位《ごくい》に至るまで、修行の方軌《ほうき》、得度の相貌《そうぼう》、つぶさに述べ給ひて、「これらの法みな義理ふかく、利益《りやく》すぐれたり。機法相応せば、得脱踵《きびす》を廻《めぐ》らすべからず。ただし源空《げんくう》ごときの頑愚《がんぐ》のたぐひは、さらにその器にあらざる故に、悟りがたく、惑ひやすし。しかる間、源空発心の後、聖道門《しょうどうもん》の諸宗につきて、広く出離の道を訪《とぶら》ふに、かれも難く、これも難し。これ則《すなわ》ち、世下り人愚かにして、機教あひそむく故なり、しかるを善導の釈義、三部の妙典の心、弥陀の願力を強縁《ごうえん》とする故に、有智・無智を論ぜず、持戒・破戒を選ばず、無漏無生《むろむしょう》の国に生まれて、長く不退を証する事、ただこれ浄土の一門、念仏の一行なり」とて、法蔵《ほうぞう》の因行《いんぎょう》より弥陀の果徳《かとく》に至るまで、理《ことわり》を窮め、詞《ことば》を尽くし終はりて、「ただしこれ涯分《がいぶん》の自証を述ぶるばかりなり。全く上機の解行《げぎょう》を妨げむとにはあらず」と宣ひければ、法印より始めて満座の衆、みな信伏しにけり。形を見れば源空上人、まことには弥陀如来の応現《おうげん》かとぞ感歎し合へりける。法印、香炉をとり、高声念仏を始め、行道し給ふに、大衆みな同音に念仏を修する事、三日三夜、声山谷に満ち、響き林野を動かす。信を起こし、縁を結ぶ人多かりき。（十四巻二段）

（顕真法印と法然上人の問答は途絶え）互いに黙ってしまい、上人が帰った後で、顕真は「法然房は智恵深いが、偏執の欠点がある」と批判した。それを伝え聞いた上人は「自分がわからないことは疑うものだ」といった。またそれを漏れ聞いた顕真は、「その通りだ。私は顕密の学問に努めて来たが、世間の名誉を得るためであった。浄土に往生したいと願わなかったから、道綽や善導の著述を読まなかった。法然房でなければ、だれがこのように直言しようか」と恥じて、百日の間、大原にこもり、浄土の典籍を閲読した。「もはや浄土の法門について考究したので、法談したい」という顕真からの招きで、文治二年（一一八六）の秋に、上人は大原へ赴いた。そのころ東大寺の大勧進であった重源（俊乗房）が出離の道（流転の迷界を離れ出る方法）を思い定めていないことを上人が哀れみ、大原で顕真との談義があることを知らせたので、重源は弟子三十余人を連れて大原に向かった。上人と顕真らは、勝林院で会合した。上人の側には重源以下の弟子らが集まり、顕真の側にはその門弟や大原にいる聖たちが座した。比叡山の僧侶をはじめ、聴聞する人が多くいた。

議論のやりとりは一昼夜に及び、上人は法相・三論・華厳・天台・真言・禅の諸宗について、最初の発心から最終の悟りまでの、修行の方法や解脱《げだつ》の様相を、こと細かに説示した。その上で「これらの教えは大変すぐれている。機（人の資質や能力）と法（教えや修行の方法）が相応しておれば、解脱は極めて容易であろう。ただし、私のように器の劣るものには、迷うばかりで悟れない。私は、聖道門（自力で悟りを得ようとする教説）の諸宗を学び、出離の道を模索したが、どれもこれも難しい。これは時代が下り、機と法が一致しないからである。しかし、善導の解釈と浄土三部経の主旨、そして弥陀の願力を強い縁とするゆえに、智恵の有無、戒律の破持と関係なく、極楽に往生できるのは、浄土門と念仏の行しかない。ただし、これは自己の信念であって、機根の高い人の学業や修行を妨げるものではない」と、理路整然かつ謙虚な態度で述べた。

顕真らその場に居合わせた人びとは信服し、「姿は法然に見えるが、本当は阿弥陀仏がこの世にあらわれたか」と感嘆した。顕真が香炉をとって念仏行道を始めると、多くの僧が従い、念仏を修すること三昼夜に及んだ。

法然と顕真法印（のちに天台座主《ざす》）は、大原での談義に先立って西坂本で対面している。このときの問答は実にそっけないが、顕真が法然に「出離の道」を尋ねたところ、法然は浄土に往生すべしと答えた。この簡明な法然の教説に顕真がひかれていく。西坂本における対談、大原における談義を合わせて、法然の諸伝記は大体、同じ筋書きである。それらと『行状絵図』を比較すると、『行状絵図』は西坂本の対談の記事に限れば『醍醐本』の［一期物語］が最も近いようだが、『琳阿本』や『古徳伝』によったとも考えられる。しかし、大原の談義については、諸伝は必ずしも一致しないのである。

大原談義の年紀を、『源空私日記』『琳阿本』『古徳伝』『行状絵図』は文治二年（一一八六）とするが、［一期物語］『伝法絵』は特に年紀を記さない。ただし『私聚百因縁集』（巻八）は文治五年（一一八九）とするが、根拠は不明だ。場所も［一期物語］はただ単に大原、『伝法絵』『源空私日記』『琳

大原勝林院にて談義(14巻2図)

阿本』は大原の「竜禅《りゅうぜん》寺」、『古徳伝』『行状絵図』は「勝林院の丈六堂」とする。この相違は竜禅寺・勝林院の同寺別称に起因するものと思われる。

法然と顕真をのぞく談義の参会者について、「一期物語」は「東大寺上人」および「大原上人」と記すだけである。これは重源の弟子らと大原に住む聖たちを意味しようが、『行状絵図』ではさらに顕真の「門徒以下の碩学」が加わる。ともに固有名詞をあげていないのが特徴だ。ところが、『源空私日記』は明《みよう》遍《へん》・貞慶《じようけい》・本成《ほんじよう》坊(湛斅《たんごう》)・重源・念仏坊・蓮慶・蓮光坊・智海・証真および「聴衆凡そ三百余人」とする。聴衆が三百余人というのは誇張としても、明遍ら九人の名前はなんらかの記録にもとづくのであろうか。『源空私日記』を原拠とした『私聚百因縁集』は、仏真房・定蓮《じようれん》房・清浄《しようじよう》房・求法《ぐほう》房の四人を加え、「此《こ》の来り集まる人々の中に少々不審あり。古記に依りて之《これ》を注す。能々《よくよく》尋ぬべし」と注記している。大原談義に関する「古記」が存したようである。絵伝では『伝法絵』が十五人、

『琳阿本』や『古徳伝』になると二十人ばかりの僧名を掲げる。これらが「古記」に依拠しているかはわからない。

談義の内容は、諸伝のなかでは『行状絵図』が比較的詳しい。『行状絵図』が参照したと思われる先行の絵伝の記事は、『琳阿本』（巻三）の「法蔵比丘《びく》のむかしより弥陀如来の今に至るまで、本願の趣《おもむき》、往生の子細、くらからず是《これ》をとき給《たまう》」「碩徳達ほめて云《いわく》、かたちを見れば源空上人、まことは弥陀如来の応現かとうたがふ」、『古徳伝』（巻四）の「その時聖人云《いわく》、源空発心已後《いご》、聖道門の諸宗に付《つき》て、ひろく出離の道を訪《とぶらう》に、かれもかたく、これもかたし。是則《これすなわち》世澆季《きょうき》にをよび、人痴鈍《ちどん》にして、機教あひそむける故也。然《しからば》則有智・無智を論ぜず、持戒・破戒をきらはず、時機相応して順次に生死をはなるべき要法は、ただ浄土の一門、念仏の一行也《なり》と、一日一夜、理をきはめ詞をつくして述《のべ》たまふ」が相当する。

それでは、談義の論点はなにであったのか。『伝法絵』（巻一）には「面々に諸宗に入《いり》たちて、深儀論談、決択侍《はべり》けるに、上人、散心《さんじん》念仏の時にかなない、をりをえたる事つぶさに解説し給《たまい》ける」と簡潔に記す。諸宗の教義の優劣に立ち入り、散心（心が散り乱れた状態）の称名念仏が「時」にかなうかどうかにあった。さらに『古徳伝』では「機」を問題として、浄土と念仏が「時機相応」の教行であることに、法然の主張の力点が置かれていたと記している。のちに法然は「大原にして、聖道・浄土の論談ありしに、法門は牛角《ごかく》の論なりしかども、機根くらべには源空かちたりき」と述懐している

（『行状絵図』巻六）。聖道門の諸宗は教えが深いけれども、末法の衆生の機にかなわず、浄土門は教えが浅そうだが、当世の人びとの根《こん》（能力や資質、「機」と同義）にかないやすい、という〈機根論〉で論破したのである。この大原談義は、法然の名を仏教界に広く知らしめることになった。

東大寺にて三部経講説

寿永《じゅえい》・元暦《げんりゃく》のころ、源平の乱れによりて、命を都鄙《とひ》に失ふ者その数を知らず。ここに俊乗房、無縁の慈悲を垂れて、かの後世《ごせ》の苦しみを救はんために、興福寺・東大寺より始めて、道俗貴賤を勧めて、七日の大念仏を修しけるに、そのころまでは、人いまだ念仏のいみじき事を知らずして、勧めにかなふ者少なかりければ、俊乗房このことを歎きて、人の信を勧めむがために、建久二年のころ、上人を請じ奉《たてまつ》りて、大仏殿のいまだ半作《はんさく》なりける軒《のき》の下にて、入唐《にっとう》の時渡し奉れる観経《かんぎょう》の曼陀羅《まんだら》ならびに浄土五祖の影《えい》を供養し、また浄土の三部経を講ぜさせ奉りけるに、南都三論・法相の碩学《せきがく》多く集まりける中に、大衆《だいしゅ》二百余人各《おのおの》肌に腹巻を着して、高座の際《きわ》に並《な》み居《い》て、自宗の義を問ひかけて、紕謬《ひびゅう》あらば恥辱《ちじょく》を与へむと支度《したく》したりけるが、上人まづ三論・法相の深義を述べ、次に浄土一宗の秘賾《ひじゃく》を細やかに釈し給ひて、末代の凡夫の出離の要法は、口称《くしょう》念仏にしくはなし。もし念仏をそしらん輩《ともがら》は無間《むげん》地獄に落ちて八万大劫苦《だいこうく》を受くべき由、観仏経の説に任せて説き給ひければ、二百余人の大衆より始めて、随喜渇仰《かつごう》極まりなし。東大寺の一和尚、観明房《かんみょうぼう》の已講《いこう》理真、ことに涙にむせびて、「八旬の齢《よわい》まで保てる事は、ひとへにこの事を聞かむためなり」とぞ喜び申けしる。（三十巻五段）

寿永・元暦（一一八二〜八五）のころ、源平の戦乱で死亡する者が無数であった。重源（俊乗房）は無縁の慈悲（一切の差別なく垂れる仏の慈悲）をもって、彼らの来世の苦しみから救うために、七日間の大念仏を修した。興福寺や東大寺を始めとして、道俗貴賤を勧誘したが、当時は念仏の尊さを知る人が少なかった。そのことを嘆いた重源は、信心を高めるために、建久二年（一一九一）のころ、法然を東大寺に招いて、工事半ばの大仏殿の軒下で、重源が宋《そう》から持ち帰った観経曼荼羅（『観無量寿経』の教説を図示した絵）と浄土五祖の影像を供養し、また浄土三部経を講義させた。南都の三論・法相の碩学たちが多く集り、諸大寺の僧侶二百余人が身に鎧《よろい》を着け、高座のそばに立ち並び、自宗の教義を問いかけて、誤りがあれば恥をかかせようとした。法然は、まず三論・法相の教えを述べ、ついで浄土宗の道理を詳細に講釈し、末世の凡夫が出離する方法は、称名の念仏以外になく、念仏をそしる人たちは無間地獄に落ちて、永遠にその苦しみを受けるということを、『観仏三昧《さんまい》経』に従って説き明かした。すると二百人余の僧侶を始め、その場にいた者はみな法然の講説に喜びの心を生じ、信心を深めた。東大寺の長老で已講（維摩会《ゆいまえ》など三会《さんえ》の講師《こうじ》を勤めた僧）の理真（観明房）が涙にむせび、「八十歳まで生き長らえて来たのは、念仏往生の教えを聞くためであった」といった。

重源が道俗貴賤を勧誘した「大念仏」は、融通念仏のようにも思えるが、自ら「南無阿弥陀仏」と号した重源のことだから、称名の念仏を主体とした「不断念仏」であったと考えられる。重源の招請によって、法然が東大寺において講説した話は、「伝法絵」系の伝記にしかあらわれず、また『行状絵図』だけが年紀を明示する。『伝法絵』（巻二）は「観経曼陀羅唐より奉渡して開題称揚の次《ついで》に、天台の大乗十戒を解し給《たまう》に」と、中途半端な文章になっているが、法然が東大寺で大乗戒を説いたので、南都の僧侶らと軋轢《あつれき》があったことを想像させる。『琳阿本』には、重源が宋より将来した観経曼荼羅と浄土五祖像を、法然が半作の東大寺（大仏殿）の軒下で供養するという風聞で集った南都の学侶や大衆を前に、法然は凡夫の出離には口称の念仏しかない、念仏をそしる者は地獄に落ちるだろう、と説いたところ、南都の僧侶たちは随喜渇仰したとある。『古徳伝』はかなり長文を割いているが、趣旨は『琳阿本』に同じだ。絵伝として成熟した『琳阿本』と『古徳伝』は、講説の対象となる経典の名を明らかにしない。*ところが、『法然聖人絵』（弘願本）には「半作の東大寺の軒のしたにて、三部経並《ならびに》善導の御影《みえい》を、上人に供養させまいらせられける」とあり、三部経の講説が行われたように読み取れる。

東大寺にて講説（30巻5図）

＊『古徳伝』は、本文の後ろに「次に三部経に付たる事」と題して無量寿経・観無量寿経・阿弥陀経の注釈を、「次に五祖に付たる事」と題して曇鸞《どんらん》・道綽《どうしゃく》・善導・懐感《えかん》・小康の略伝を掲げる。しかし、本文では三部経講説に言及していない。

東大寺で三部経の講説が行われたことは、『語灯録』（巻三）所収の「阿弥陀経釈」の跋文に「文治六年二月一日、於東大寺《とうだいじにおいて》講之畢《これをこうじおわんぬ》、所請《しょしょう》源空上人、能請《のうしょう》重賢上人」、同書（巻二）の「観無量寿経釈」の跋文に「文治六年庚戌《かのえいぬ》二月二日、於東大寺講之畢、所請源空上人、能請重賢上人」とあることで疑いない。なお「重賢」は同音異記で「重源」を指していよう。『行状絵図』はこの事実を踏まえ、観経曼荼羅と浄土五祖像の供養にあわせて、「また浄土の三部経を講ぜさせ奉りける」と続けたと思われる。しかし、年紀が文治六年二月（この年四月十一日に建久元年と改元される）であったにもかかわらず、『行状絵図』はなぜ「建久二年のころ」としたのであろうか。編者の舜昌は『語灯録』を見て、「阿弥陀経釈」や「観無量寿経釈」の跋語により、東大寺における三部経講説が文治六年二月に行われたのを知りながら、『拾遺語灯録』(巻下)所収の「東大寺十問答」の末尾に付された了恵の「建久二年三月十三日、東大寺聖人奉問《といたてまつり》、源空上人御答也《おこたえなり》」という注記に従って、年紀を決したと考えられる。

七箇条の制誡と山門に送る誓約の文

上人の勧化《かんげ》、一朝に満ち、四海に及ぶ。しかるに門弟の中に、専修に名を借り、本願に事を寄せて、放逸の業《わざ》をなすもの多かりけり。これによりて、南都北嶺の衆徒、念仏の興行を咎《とが》め、上人の化導を障碍《しょうげ》せむとす。土御門院《つちみかどいん》の御宇《ぎょう》、門徒の誤りを師範に負《お》ほせて、蜂起するよし聞こえしかども、何となくて止《や》みにしほどに、元久元年の冬のころ、山門大講堂の庭に三塔会合して、専修念仏を停止《ちょうじ》すべき由、座主《ざす》大僧正真性《しんしょう》に訴へ申しけり。(三十一巻一段)

上人、この事を聞き給ひて、進みては衆徒の欝陶《うっとう》を休め、退きては弟子の僻見《へきけん》を誡《いまし》めむために、上人の門徒を集めて、七箇条の事を記して起請《きしょう》をなし、宿老たる輩《ともがら》八十余人を選びて連署せしめ、長く後証にそなへ、すなはち座主僧正に進ぜらる。件《くだん》の起請文に云《いわ》く、

あまねく予が門人念仏の上人等に告ぐ、

一、いまだ一句の文義を窺《うかが》はずして、真言・止観を破し、余の仏・菩薩を謗《ぼう》ずることを停止すべ

き事。

一、無智の身をもちて有智の人に対し、別解《べつげ》・別行《べつぎょう》の輩に会ひて、好みて諍論《じょうろん》をいたす事を停止すべき事。

一、別解・別行の人に対して、愚痴偏執《へんじゅう》の心をもちて、本業《ほんごう》を棄置《きち》せよと称して、あながちにこれを嫌ひ笑ふ事を停止すべき事。

一、念仏門に於《お》きては戒行なしと号して、もはら淫酒食肉《いんしゅじきにく》を勧め、たまたま律儀《りつぎ》を守るをば、雑《ぞう》行人《ぎょうにん》と名づけて、弥陀の本願を憑《たの》むものは、造悪を恐るる事なかれといふ事を停止すべき事。

一、いまだ是非をわきまへざる痴人《ちにん》、聖教《しょうぎょう》を離れ、師説をそむきて、ほしきままに私の義を述べ、みだりに諍論を企てて、智者に笑はれ、愚人《ぐにん》を迷乱する事を停止すべき事。

一、愚鈍の身をもちて、ことに唱導を好み、正法《しょうぼう》を知らず、種々の邪法を説きて、無智の道俗を教化する事を停止すべき事。

一、自ら仏教にあらざる邪法を説きて、偽りて師範の説と号することを停止すべき事。

元久元年甲子十一月七日　沙門源空　在判《ありはん》

信空　感聖　尊西　証空　源智　行西　聖蓮　見仏
道亘　導西　寂西　宗慶　西縁　親蓮　幸西　住蓮
西意　仏心　源蓮　源雲　欣西　生阿　安照　如進

導空	昌西	道也	遵西	義蓮	安蓮	導源	証阿
念西	行首	尊浄	帰西	行空	道感	西観	尊成
禅忍	学西	玄耀	澄西	大阿	西住	実光	覚妙
西入	円智	導衆	尊仏	蓮恵	源海	安西	教芳
諧西	祥円	弁西	空仁	示蓮	念生	尊蓮	尊忍
参西	仰善	忍西	住阿	鏡西	仙空	惟西	好西
祥寂	戒心	顕願	仏真	西尊	良信	綽空	善蓮
蓮生	阿日	静西	度阿	成願	覚信	自阿	願西

連署の交名《きようみよう》かくのごとし。執筆《しゆひつ》右大弁行隆《ゆきたか》の息《こ》、法蓮房信空なり。

また座主に進ぜらるる起請文に云《いわ》く、

近日の風聞にいはく、「源空ひとへに念仏の教へを勧めて、余の教法をそしる。諸宗これによりて凌夷《りようい》し、諸行これによりて滅亡す、云々」。この旨を伝へ聞くに、心神驚怖《きようふ》す。つゐに縡《こと》山門に聞こえ、議《ぎ》衆徒に及びて、炳誡《へいかい》を加ふべきよし貫主《かんす》へ申し送られ畢《おわ》んぬ。この条、一には衆勘《しゆかん》を恐れ、一には衆恩を喜ぶ。恐るる所は、貧道《ひんどう》の身をもちて、たちまちに山洛の憤りに及ぶ。喜ぶ所は、謗法《ぼうほう》の名を消して、長く華夷《かい》のそしりを止《とど》めん。もし衆徒の糺断《きゆうだん》にあらずば、いかでか貧道の愁歎《しゆうたん》を休めむや。およそ弥陀の本願に云く、「唯除五逆《ゆいじよごぎやく》、誹謗正法《ひほうしようぼう》」と。念仏を勧めむ輩《ともがら》、むしろ正法をそしらんや。僻説《へきせつ》をもちて弘通《ぐずう》し、虚誕《こたん》をもちて披露せば、尤《もっと》も糺断《きゅうだん》あるべし、尤も炳誡《へいかい》あるべし。望む所なり、願ふ所なり。これらの子細、先年沙汰の時、起請を進じ了《おわ》んぬ。その後いまだ変ぜず。重ねて陳ずるにあたはずといへども、厳誡《ごんかい》すでに重畳《ちょうじょう》の間、誓状また再三に及ぶ。上件の子細、一事一言、虚言をもちて会釈《えしゃく》を設けば、毎日七万遍の念仏、空《むな》しくその利を失なひ、三途《さんず》に堕在《だざい》して、現当《げんとう》二世の依身《えしん》、常に重苦に沈みて、長く楚毒《そどく》を受けん。伏して乞《こ》ふ、当寺の諸尊、満山の護法、証明知見したまへ。源空敬白《けいびゃく》 取詮《せんをとる》

元久元年十一月七日　源空

（三一巻二段）

上人の教化が日本全国に広がると、門弟の中には「専修」や「本願」の意味を取り違えて、勝手な振る舞いをなすものが多くなった。土御門天皇の御世に、南都（興福寺）や北嶺（延暦寺）の僧らが念仏の広まりを非難し、上人の教化を妨げようと蜂起する動きがあったが、なんとなく沙汰やみとなった。しかし、元久元年（一二〇四）の冬のころ、延暦寺の大講堂に全山の僧侶が会合して、専修念仏の停止を求めて座主（真性）に訴え出た。

上人は、延暦寺の僧たちの憤りを静め、弟子らの偏見を戒めるために、七箇条の禁止事項を制して、主だった門弟八十余人を選んで連署させ、これを座主に進上した。その文にいう。

あまねく私の門弟たる念仏の上人に告げる。

一、一句の文すら窺わないで、真言・天台を論破し、阿弥陀以外の仏・菩薩をそしることを止める事。

一、無智の身をもって有智の人に対して、また別解・別行（学業や修行を異にする）の人たちに会って、好んで論争することを止める事。

一、別解・別行の人に対して、愚痴や偏執の心をもって、本来の修業を捨て置けと言い、あえて嫌い笑うことを止める事。

一、念仏門では戒行なしと号して淫行・飲酒、肉食を勧め、戒律を守る人を雑行人と呼び、弥陀の本願をたのむ者は造悪を恐れるなかれということを止める事。

一、正邪をわきまえない痴人が、経典や師の説に違背して、自由に私義を述べ、論争を企てて智者に笑われ、愚人を惑わすことを止める事。

一、愚鈍の身でありながら説教を好み、正法を知らずして邪法を説き、無智の人々を教化することを止める事。

一、みずから仏教でない邪法を説いて、偽って師の説と称すことを止める事。

元久元年十一月七日　沙門源空（花押《かおう》が在る）

〔人名の列記を省略する〕

連署した人の名は以上の通り。制誡文を執筆したのは、藤原（葉室）行隆の子の信空（法蓮房）である。

また、上人が座主に進上した誓約の文にいう。

近ごろ「私（源空）が念仏の教えを勧め、他の教えを誹謗している。このために諸宗が衰微し、諸行が滅亡した」という風聞が流れている。このうわさを伝え聞き、心から驚き恐れるばかりである。事はすでに延暦寺全山の協議に及び、私に誡めを加えるべきだと座主に申し送られた。衆徒の糾弾によって、私の身に山門や京都の人たちの憤りを買うとなれば、恐れるところである。しかしながら、謗法の汚名を消すことで京や田舎の人びとのそしりを止められれば、喜びとするところである。そもそも阿弥陀仏の本願には「ただ五逆（父母・阿羅漢を殺すなどの重罪）と正法を誹謗するとを除く」とあり、念仏を勧める者がどうして仏法をそしろうか。偏見や虚偽にもとづく説を広めたとなれば、糾弾を受け、誡めを蒙るのは当然であり、むしろそうなることを希望している。先年このことで取り沙汰があったとき、誓約文を進上した通りで、その後も私の考えに変わりはない。重ねて陳述するに及ばないと思うが、衆徒の厳誡は何度も下され、誓状も再三に及んでいる。これらのことで、一言でも虚言をもって弁明したとなれば、毎日唱えている七万遍の念仏もその利益《りやく》を失い、三途（地獄・餓鬼・畜生の世界）に堕ちて、現当二世（現世と来世）において重苦を受けるに違いない。伏して請う、延暦寺の三宝・善神よ、証明し給え。源空敬って申しあげる。（重要な箇所を抄記する）

元久元年十一月七日　源空

法然の教えは、日を追って都鄙《とひ》の間に広がっていった。専修念仏者の集団は社会的に無視できない存在となったのである。法然とその弟子たちは、顕密の諸宗から激しい非難と弾圧を受ける。それは元久元年（一二〇四）から始まった。延暦寺の衆徒が専修念仏の停止を座主真性に迫ったが、法然は門弟の僻見と諍論を戒める「七箇条制誡」を作り、座主に弁明と自省を陳述した誓約の文（「山門に送る起請文」）を呈上したのである。『伝法絵』以下の法然絵伝にも、これらの文章を引用している。ただし、『伝法絵』や『行状絵図』は抄出にとどまり、『琳阿本』はなぜか「七箇条制誡」を載せず、『法然上人伝法絵』（高田本）や『法然聖人絵』（弘願本）は「山門に送る起請文」を欠き、『古徳伝』は両者を掲げるが、巻次を異にしている。「七箇条制誡」は京都嵯峨の二尊院に原本が現存し、交名は百九十人に及んでいる。『語灯録』（巻十）にも「七箇条制誡」と「山門に送る起請文」を収録するが、「七箇条制誡」の交名は八十七人にとどまる。

『行状絵図』は、「七箇条制誡」と「山門に送る起請文」のいずれも『語灯録』を原拠とするようだ。したがって「山門に送る起請文」の日付も元久元年の十一月七日とするが、『琳阿本』や『古徳伝』に収める「山門に送る起請文」の日付は、同年の十一月十三日となっている。『語灯録』と比較しても、漢文と和文の相違はあるが、ほとんど同内容であり、どちらが正しいのか判断に苦しむ。「伝法

山門衆徒の会合（31巻１図）

絵」系の伝記には「天台座主御問状付《つき》て、誓文を進給《すすめたまう》」（『伝法絵』巻二）とか、あるいは「元久元年仲冬比《ころ》、山門の衆徒の中より念仏停止すべきよし、大衆蜂起して顕真座主に訴申《うったえもうす》。是《これ》によりて座主より上人へたづね申さるるにつゐて、上人起請文を進ぜらる」（『琳阿本』巻五）などとある。衆徒から訴えを受けた天台座主は、*まず法然に事の真相を問いただしたようだ。この「山門に送る起請文」は、法然がそれに答えて座主に進上したのである。法然はこの起請文の中で、「これらの子細、先年沙汰の時、起請を進じ了《おわ》んぬ。その後いまだ変ぜず。重ねて陳ずるにあたはずといへども、厳誡《ごんかい》すでに重畳《ちょうじょう》の間、誓状また再三に及ぶ」と述べており、これ以前に念仏停止の動きがあって、法然が起請・誓状を座主に何度か進上していたことがわかる。

＊このときの天台座主を『琳阿本』や『古徳伝』は顕真とするが、顕真は建久三年（一一九二）に入滅しているから、誤りである。『行状絵図』の真性が正しい。

七箇条の制誡（31巻２図）

諸絵伝には「山門に送る起請文」に続けて、九条兼実が法然のために弁護し釈明した座主宛の消息《しょうそく》（書状）を収める。『行状絵図』は「取詮」として概要しか載せないが、『琳阿本』や『古徳伝』は全文に近いものを引いている。日付が「十一月十三日」とあって、法然の「山門に送る起請文」に添えられたか、または直後に送られたかに思えるが、まったく疑義がないわけではない。「念仏弘行《ぐぎょう》の間の事、源空上人の起請文・消息等、山門に披露してより動静いかむ。尤《もっとも》不審に候《そうろう》」（『琳阿本』巻五）とか、「当時すでに数輩の門徒をあつめて、七ケ条の起請をしるし、をのをの連署をとりてながく証拠にそなう」（同）とかの文言は、元久元年（一二〇四）からいくらか時間が経過したことをうかがわせる。『行状絵図』や『琳阿本』では宛所が「前《さきの》大僧正御房」となっており、真性に宛てたとすれば、大僧正を辞した建永元年（一二〇六）十月より以後のことであろう。

なお、「七箇条制誡」は、法然の専修念仏に対する非難と迫害を示す史料として著名なので、少し付言しておこう。『行状絵図』に「すなはち座主僧正に進ぜらる」とあるが、山門からの糾問に応じて、門弟たちを戒めた事実の証拠に備えるための文書であって、座主に差し出したものではない。それは様式および内容から判断して明らかだ。「七箇条制誡」は、七箇条の標題に当たる「事書《ことがき》」とその補足文、そして本文に当たる「事実書《じじつがき》」の二部構成をとるが、法然はその事実書において

年来の間、念仏を修すと雖《いえど》も、聖教に随順して、敢《あえ》て人心に逆《たが》はず、世聴《せちよう》を驚かすことなし。茲《これ》に因《より》て、今に三十箇年、無為にして日月を渉《わた》る。而《しか》るに近来に至り、此《こ》の十ケ年より以後、無智不善の輩《ともがら》時々到来す。（原漢文）

と、興味深いことを語っている。

承安五年（一一七五）もっぱら念仏に帰した後、比叡山の黒谷を出て、京都東山に庵を構え、訪ねいたる者があれば浄土の法を語り、念仏の行を勧める、日々平穏な生活を送っていたが、ここ十年来、無智不善の連中が来るようになったという。建久年間（一一九〇～九九）から法然の周囲に「専修に名を借り、本願に事を寄せて、放逸の業《わざ》をなすもの」が出現したのである。専修念仏の興起に危機感をいだいた顕密諸宗に、非難と弾圧の口実を与えることになった。

興福寺からの奏上

その後、興福寺の欝陶《うっとう》なほ止《や》まず、同二年九月に蜂起をなし、白疏《はくしょ》をささぐ。かの状のごとくば、上人ならびに弟子権大納言公継卿《きんつぐきょう》を重科に処せらるべきよし訴へ申す。これにつきて同十二月廿《にじゅう》九日、宣旨《せんじ》を下されて云《いわ》く、「頃年《このごろ》源空上人、都鄙《とひ》にあまねく念仏を勧む。道俗多く教化におもむく。しかるに今かの門弟の中に、邪執の輩《ともがら》、名を専修に借るをもちて、とがを破戒に顧みず。これ偏《ひとえ》に門弟の浅智より起こりて、かへりて源空が本懐にそむく。偏執を禁遏《きんあつ》の制に守るといふとも、刑罰を誘諭《ゆうゆ》の輩に加ふる事なかれ」と云々《うんぬん》。取詮《せんをとる》。君臣の帰依浅からざりしかば、ただ門徒の邪説を制して、とがを上人にかけられざりけり。（三十一巻四段）

（延暦寺衆徒の専修念仏停止の訴えはどうにか回避されたが）その後も、興福寺の僧たちの憤りは収まらず、元久二年（一二〇五）九月、朝廷に強訴《ごうそ》した。陳情書によれば、上人と弟子の藤原（徳大寺）公継を重罪に処すべきだと訴えている。そこで十二月二十九日に、土御門天皇の勅が下り、「近年、源空が都や田舎に念仏を勧め、人々はその教えに帰依している。ところが、門弟の中には邪義にとらわれた考えを持つものがいて、専修に名を借りて破戒の罪を恐れていない。これはまったく門弟の浅知恵から起こる誤りで、源空の本心に違背している。偏執の言動を禁令できるが、人を教え導くものにまで刑罰を加えてはならない」云々とあった（要点のみ記す）。朝廷では、君臣ともに上人への帰依が深かったので、弟子たちの邪説を禁じて、上人には罪を及ぼさなかった。

興福寺からの訴えのことは、『伝法絵』に「顕密の両宗、丹府《たんぷ》を焦がして歎息す。南北の衆徒、白疏を捧げて鬱訟《うっしょう》す」（巻三・原漢文）という建永二年（一二〇七）春の「厳制五箇条」の逸文を引くだけで、他の絵伝には見えない。元久二年十月に、興福寺僧綱《そうごう》・大法師等が「沙門《しゃもん》源空勧むる所の専修念仏宗の義を糺改《きゅうかい》せらるる」ことを請うた、いわゆる「興福寺奏上《そうじょう》」を奉じている（『鎌倉遺文』一五八六号文書）。大原談義の参会者に名を連ねた貞慶《じょうけい》（解脱房）が起草したと伝えるが、九箇条の「失」（過ち）をあげて、専修念仏の不穏当な言動を指弾している。

その概略を述べると、第一は「（専修念仏宗という）新宗を立つる失」、第二は「（摂取不捨曼陀羅《せっしゅふしゃまんだら》という）新像を図《えが》く失」、第三は「釈尊を軽んずる失」、第四は「（称名以外の）万善を妨《さまた》ぐる失」、第五は「霊神に背《そむ》く失」、第六は「浄土（の教理）に暗き失」、第七は「念仏（の意義）を誤る失」、第八は「（破戒を勧めて）釈衆《しゃくしゅ》を損なふ失」、第九は「国土を乱す失」の九条であった。第一の「失」から第八の「失」までは、宗教の本質論からかけ離れた外形論にすぎず、釈明することも、反駁《はんばく》することも、また事実に反する誣言《ぶげん》（ありもしないことを言う）だと無視することも、いずれも可能であろう。しかし、第九の「失」の論調は一転する。

願ふ所は、ただ諸宗と念仏は宛《あたか》も乳水の如く、仏法と王道は永く乾坤《けんこん》と均しからん。而《しか》して諸宗みな念仏を信じ、異心なきと雖《いえど》も、専修は深く諸宗を嫌ひ、同座に及ばず、水火並び難く、進退これ谷《きわ》まる。（原漢文）

王法仏法相依論（国家と仏教が相互依存の関係にあるという考え）とともに、専修念仏宗と諸宗の融和を願っているが、専修念仏宗は諸宗を嫌って同座せず、水火のごとく並び難い状況が「国土を乱す」（国家社会の秩序が乱れる）ことになると憂慮している。前代未聞の「八宗同心の訴訟」は、こうした仏教体制の安定を維持すべく起こされたのである。興福寺からの奏上に答えたのが、『行状絵図』が引く十二月二十九日の宣旨である。偏執を禁圧してもよいが、法然に刑罰を加えるべきでないとするこの宣旨は、興福寺衆徒の不興を買った。彼らは翌年の元久

興福寺衆徒の強訴（31巻 4 図）

三年（一二〇六）二月、宣旨を奉じた蔵人頭《くろうどのとう》三条長兼《ながかね》のもとに押しかけ、先の宣旨に「源空上人」「門弟の浅智より起こり、源空の本懐に背く」「漫《みだ》りに制罰を誘諭の輩に加ふること莫《なか》れ」とあった語句をあげて、源空が智徳を兼ねた僧であり、彼には過失がないように受け取れて、門弟の偏執を禁じながら罰しないのは腑《ふ》に落ちない、と詰《なじ》っている（『三長記』）。この二月には、興福寺側の要求を入れて、法本房（行空）と安楽房（遵西）を召し出し、配流せしめる旨の後鳥羽上皇の院宣《いんぜん》を発したが、結局は罪名の検討にとどまって実行されなかった（同）。

住蓮・安楽の事件

かくて南都北嶺の訴訟、次第にとどまり、専修念仏の興行、無為に過ぐるところに、翌年建永《けんえい》元年十二月九日、後鳥羽院、熊野山の臨幸ありき。そのころ、上人の門徒住蓮《じゅうれん》・安楽《あんらく》等の輩《ともがら》、東山鹿谷《ししがたに》にして別時念仏を始め、六時礼讃《らいさん》を勤む。定まれる節《ふし》・拍子《ひょうし》なく、各《おのおの》哀歎《あいたん》悲喜の音曲をなすさま、珍しく尊かりければ、聴衆多く集りて、発心《ほっしん》する人もあまた聞えし中に、御所の御留守の女房、出家の事ありけるほどに、還幸《かんこう》の後、悪《あ》しざまに讒《ざん》し申す人やありけん、大きに逆《げき》鱗《りん》ありて、翌年建永二年二月九日、住蓮・安楽を庭上《ていじょう》に召されて、罪科せらるる時、安楽、「見《けん》有《ぬ》修行起瞋毒《しゅぎょうきしんどく》、方便破壊競生怨《ほうべんはえきょうしょうおん》、如此生盲闡提輩《にょししょうもうせんだいはい》、毀滅頓教永沈淪《きめつとんぎょうようちんりん》、超過大地微塵劫《ちょうかだいちみじんこう》、未可得離《みかとくり》三途身《さんずしん》」の文を誦《ず》しけるに、逆鱗いよいよ盛りにして、官人秀能《かんにんひでよし》に仰せて、六条川原にして、安楽を死罪に行なはるる時、奉行の官人にいとまを請ひ、ひとり日没の礼讃を行ずるに、紫雲《しうん》空に満ちければ、諸人怪しみをなすところに、安楽申しけるは、「念仏数百遍の後、十念を唱へんを待ちて斬《き》るべし。合掌乱れずして右に伏《ふ》さば、本意を遂げぬと知るべし」と言ひて、高声《こうしょう》念仏数百反《へん》の後、十念満ちける時、斬られけるに、言ひつるに違《たが》はず、合掌乱れずして右に伏しにけり。見聞の諸人、随喜の涙を流し、念仏に帰する人多かりけり。（三十三巻一段）

延暦寺や興福寺からの訴訟騒ぎも静まり、専修念仏の広がりは順調であった。建永元年（一二〇六）十二月九日、後鳥羽上皇は熊野に行幸した。そのころ、上人の弟子の住蓮と安楽（遵西）らが東山の鹿ケ谷で別時念仏を修し、六時礼讃を勤めた。定まった旋律はなく、各人が悲哀・喜悦の感情を込めて読誦《どくじゅ》する様子は、珍しくも尊く思えて、聴衆を引き込み、発心する人が続出し、上皇の御所の留守番の女房が出家した。上皇が熊野より帰還するや、讒言《ざんげん》（告げ口）するものがいたのか、上皇は大変に怒り、翌年の建永二年（一二〇七）二月九日、住蓮と安楽を御所に召して、罪を科すことになった。そのとき、安楽が「修行すること有るを見ては瞋毒を起こし、方便破壊して競ひて怨みを生ず。此《かく》の如き生盲闡提の輩《ともがら》は、頓教を毀滅して永く沈淪す。大地微塵劫を超過すとも、未だ三途の身を離るることを得べからず」という『法事讃』の文句を唱えた。上皇はますます怒り、官人の藤原秀能に命じて、六条川原で安楽を処刑した。安楽は刑の執行人に最後の別れを告げ、一人で日没時の礼讃を読んだ。紫雲が空にたなびき、人々は不思議に思った。安楽は、「念仏数百遍の後に、なお十念唱え終わるのを待って斬首されたい。合掌して乱れず右に倒れたなら、往生の素懐を遂げた証《あかし》だと知ってほしい」と言い、声高らかに念仏数百遍を唱え、十念が終わるころに斬られた。合掌を乱さずに右側に倒れたので、見聞の人びとは感激し、念仏に帰依した。

住蓮・安楽の事件は、「伝法絵」系の絵伝では『法然上人伝法絵』（高田本）と『法然聖人絵』（弘願本）だけに見える。『行状絵図』では「御所の御留守の女房」が自発的に出家したかに記すが、『法然上人伝法絵』（高田本）には、

わざわい三女よりおこるといふは本文なり。隠岐の法皇御熊野詣《みくまのもうで》のひまに、小御所の女房達つれづれをなぐさめんために、上人の御弟子蔵人入道安楽房は、日本第一の美僧なりければ、これをめしよせて、礼讃をさせて、そのまぎれに灯明をけして、これをとらへて、種々の不思議の事どもありけり。法皇後下向ののち、これをきこしめして、逆鱗のあまり、住蓮・安楽二人おばやがて死罪におこなはれにけり。

とあり、小御所の女房たちが住蓮・安楽を誘い込み、怪しげな行為があったという（『法然聖人絵』

六条河原で安楽死刑（33巻１図）

（弘願本）もほとんど同文）。慈円の『愚管抄』（巻六）にも、専修念仏者の風紀を問題としており、「（後鳥羽）院ノ小御所ノ女房、仁和寺ノ御ムロノ御母（坊門局《ぼうもんのつぼね》）」が「安楽ナド云《いう》モノヨビヨセテ」、「夜《よ》ルサヘトドメナドスル事出《いで》キタリケリ」と記している。安楽らと院に近侍する女官らの風紀紊乱《びんらん》が上皇の逆鱗にふれたのである。

安楽は取調べ中に『法事讃』の文を誦し、上皇を激怒させたというが、藤原定家の日記『明月記』には、「近日ただ一向専修の沙汰、搦《から》め取られて拷問せらると云々。筆端の及ぶ所にあらず」と記されている（建永二年二月九日条・原漢文）。ただならぬ事態の到来が予測された。安楽の刑死の場所について、『行状絵図』は京都の六条河原とするが、『古徳伝』（巻七）は『歎異抄』に依拠したのか、住蓮房と安楽房は性願《しょうがん》房とともに「近江国馬淵《まぶち》に於《おい》て誅《ちゅう》す」とある。

上人に流刑の宣下

罪悪生死のたぐひ、愚痴暗鈍の輩《ともがら》、しかしながら上人の化導によりて、ひとへに弥陀の本願をたのむところに、天魔や競《きお》ひけん、安楽死刑に及びて後も、逆鱗なを止《や》まずして、重ねて弟子のとがを師匠に及ぼされ、度縁を召し俗名を下されて、遠流《おんる》の科《とが》に定めらる。藤井元彦《もとひこ》、かの宣下《せんげ》の状に云《いわ》く、

太政官符《だいじょうかんふす》　土佐国司《とさのこくし》

流人　藤井の元彦

使左衛門の府生《ふしょう》清原の武次《たけつぐ》　従二人

門部《かどべ》二人　従各一人

右、流人元彦を領送のために、件等《くだんら》の人を差して発遣《はっけん》件の如《ごと》し。国宜《よろ》しく承知して、例に依りてこれを行なへ。路次の国また宜しく食七具・馬三匹を給ふべし。符到奉行《ふいたらばぶぎょうせよ》。

建永二年二月廿《にじゅう》八日　右大史《うだいし》中原朝臣《あそん》判

左少弁《さしょうべん》藤原朝臣

追捕《ついぶ》の検非違使《けびいし》は宗《そうの》府生久経《ひさつね》、領送使は左衛門の府生武次なり。上人の勧化を仰ぐ貴賤、往生の

素懐を望む道俗、嘆き悲しむ事、たとへを取るに物なし。（三十三巻二段）

罪悪を繰り返して迷妄の世界にいるもの、愚かで道理に暗いものが、上人の教化によって、弥陀の本願にすがりつき、念仏を唱えている間に、天魔が競い合いあらわれたのか、安楽房が死刑に処せられた後も、後鳥羽上皇の怒りは消えず、弟子の罪を師匠に負わせて、上人の度縁（得度の証書）をとりあげ、藤井元彦という俗名を与えて、遠流の刑に決めた。その宣旨にいう。

太政官より土佐の国司に通達する。

流人　藤井元彦

護送の使者　左衛門府の府生清原武次　従者二人

警固の武官二人　従者各一人

右は、流人藤井元彦を護送のために、これらの人を指定して派遣すること、以上の通りである。土佐国はこの旨をよく承知し、前例にならい施行せよ。経過する諸国において、食料七人分・馬三匹を支給せよ。この通達が到着すれば奉じて行なえ。

建永二年（一二〇七）二月二十八日　　右大史中原朝臣（花押あり）

左少弁藤原朝臣

上人の身柄を拘束する検非違使は府生（下級幹部）の宗久経、護送の使者は左衛門府の府生の清原武次であった。上人の教化を仰ぐもの、往生を望むものは、だれでもみな嘆き悲しみ合った。

法然の流罪について、『伝法絵』（巻三）は「建永二年丁卯二月廿七日、還俗《げんぞく》の姓名を給源元彦《みなもとのもとひことたまわる》、配所土佐国」と簡単に記し、『琳阿本』もまた同文である。『古徳伝』（巻七）はかなり詳しく、

流罪宣下の弁官（33巻 2 図）

聖人《しょうにん》、浄土真宗の興行ますます繁昌し、貴賤上下の帰依いよいよ純熟す。爰《ここに》太上天皇号後鳥羽、院諱尊成今上《きんじょう》号土御門、院諱為仁聖暦《みよ》承元《じょうげん》丁卯歳仲春上旬の比《ころ》、南北の学徒、顕密の棟梁、浄土の一門弘興《ぐこう》、聖道《しょうどう》の諸宗廃滅の因縁、この事にあり。すべからくその根本に付《つき》て、空《くう》聖人を坐《つみ》すべしといふことを僉議《せんぎ》しつつ、奏聞《そうもん》にをよぶ。そのうへ門弟の中に不慮の無実、内々その聞《きこえ》ありければ、事の計会おりふしあしくて、南北の学徒の奏事左右《さう》なく勅許、すでに罪名の議定《ぎじょう》に及《および》て、はやく遠流の勅宣をくだされけり。聖人の罪名藤井元彦男、配所土佐国幡多、春秋七十五。

とある。この『古徳伝』の記事は、南都（興福寺）や北嶺

（延暦寺）の執拗な奏聞に、朝廷側の情勢の変化によって押し切られたという印象を与える。なお、ここにいう「浄土真宗」とは法然の浄土宗を指す。法然に下された俗名は、諸伝において源元彦と藤井元彦の両説が見える。いずれが正しいのか。天台座主の明雲《めいうん》が安元三年（一一七七）五月、伊豆国に流されるとき、「藤井松枝《まつえだ》」の俗名をもっているので（『平家物語』巻二）、法然の場合も藤井元彦が正しいとも思われる。法然の流罪を決定した宣旨《せんじ》とか弁官下文《べんかんくだしぶみ》といった古文書は現存しない。『行状絵図』に「かの宣下の状に云く」として太政官符（略して官符という）を引くが、これは流人の領送使に糧食・乗馬の支給を命じた「食馬官符」である。先行の伝記に法然の流罪に関する宣旨等が見えなかったので、舜昌は官務家《かんむけ》（太政官の実務を世襲する）の小槻《おづき》氏に照会して、この官符を知らされたのではないか。

弟子たちの悲嘆

門弟ら嘆き合へる中に、法蓮房申されけるは、「住蓮・安楽は、すでに罪科せられぬ。上人の流罪は、ただ一向専修興行の故云々《うんぬん》、しかるに老邁《ろうまい》の御身、遼遠《りようえん》の海波に赴きましまさば、御命安全ならじ。我ら恩顔を拝し、厳旨《げんし》を承《うけたまわ》る事あるべからず。また師匠流刑《るけい》の罪に伏し給はば、残り留《とど》まる門弟面目あらむや。かつは勅命なり。一向専修の興行を止《とど》むべき由を奏し給ひて、内々御化導あるべくや侍《はべ》らん」と申されけるに、一座の門弟多くこの義に同じけるに、上人宣《のたま》はく、「流刑さらに恨みとすべからず。その故は、齢《よわい》すでに八旬に迫りぬ。たとひ師弟同じ都に住すとも、娑婆《しゃば》の離別近きにあるべし。たとひ山海を隔つとも、浄土の再会何ぞ疑はん。また厭《いと》ふといへども、存するは人の身なり。惜しむといへども、死するは人の命なり。何ぞ必ずしも所によらんや。しかのみならず、念仏の興行、洛陽《らくよう》にして年久し。辺鄙《へんぴ》に赴きて、田夫野人《でんぷやじん》を勧めむ事、年来《としごろ》の本意なり。しかれども時至らずして素意いまだ果たさず。いま事の縁によりて、年来の本意を遂げん事、すこぶる朝恩ともいふべし。この法の弘通《ぐずう》は、人は留めむとすとも、法さらに留まるべからず。諸仏済度《さいど》の誓ひ深く、冥衆《みょうしゅう》護持の約ねんごろなり。しかれば何ぞ世間の機嫌をはばかりて、経釈の素意を隠すべきや。ただし痛むところは、源空が興《こう》ずる浄土の法門は、濁世《じょくせ》末代の衆生の決定《けつじょう》出離の要道たるが故に、常随《じょうずい》守護の神祇冥道《みょうどう》、定めて無道の障難《しょうなん》をとがめ給はむか。命あらむ輩《ともがら》、因果の虚《むな》しからざる事を思ひ合はすべし。因縁尽きずば、何ぞまた今生の再会なからむや」とぞ仰せられける。また一人の弟子に対して、一向専念の義を述べ給ふに、御弟子西《さい》阿弥陀仏推参して、「かくのごとくの御義、ゆめゆめあるべからず候《そうろ》ふ。各《おのおの》御返事を申し給ふべからず」と申しければ、上人宣はく、「汝《なんじ》経釈の文を見ずや」と。西阿申さく、「経釈の文はしかりといへども、世間の機嫌を存するばかりなり」と。上人また宣はく、「われたとひ死刑に行なはるとも、この事言はずばあるべからず」と。至誠《しじょう》の色最も切なり。見たてまつる人、

みな涙をぞ落としける。（三十三巻三段）

門弟らが嘆き合っていると、高弟の信空（法蓮房）が「住蓮と安楽はすでに死罪に処せられた。上人の流罪は専修念仏を広めたからである。七十五歳という老齢の身で四国に赴かれるのは、命が危ぶまれる。上人のお顔を拝し、親しく教えを承ることができない。師匠だけが流刑に服し、門弟が京都にとどまっているのは面目ないことだ。しかし、これは勅命であるから、表向きは専修念仏を停止する旨を奏上され、内々に教導なさるがよい」といった。同席の門弟らは信空の意見に賛同した。

ところが、上人は「流刑を恨むことはない。私は八十歳近くなった。師弟が同じ都に住んでいても、この世の別れはすぐに訪れよう。山海を隔てていても、浄土での再会は疑いないことだ。この世を厭うてみても長生きしたり、この世に未練があっても、死ぬことは人間の宿命である。私はこの京都で念仏を勧めて久しい。田舎に赴いて農夫たちに勧めることが念願であった。だからこの流罪は、朝廷からの恩恵というべきである。仏法の広まりを人が止めようとしても、仏法は決して止まらないであろう。衆生を救おうとする諸仏の誓願は深く、神々の仏法護持の約束は強い。どうして世間の評判ばかりに遠慮して、経釈（経典や注釈書）の真意を隠そうとするのか。ただ痛ましく思うのは、私が興した浄土の法門は濁世の人びとが迷妄の世界から出離する大切な道であるから、常に護持する神々が必ずや無道に妨げたものに罰を与えるであろう。お前たちが命長らえたなら、因果応報が本当だということを思い合わせよ。この世の因縁が尽きなければ、また再会しよう」と語った。

そして、ある弟子に一向専修の意義を説いた。それを聞いた西阿という弟子が上人のそばに近寄り、「このような説法をなされるな。皆も返事してはならない」と制した。しかし上人は、「そなたは経釈の文を読んだはずではないか」と窘《たしな》めた。西阿は「経釈の文はどうであれ、今は世間の目があるから」と申しあげた。すると上人は、「私はたとえ死刑になろうとも、このことを言わずばなるまい」と真剣な面持ちで語った。

流刑地に赴く法然と門弟たちとの最後の対話は、二篇が伝えられている。一つは信空との対話である。『行状絵図』は『琳阿本』や『古徳伝』の先行絵伝に依拠しつつ、法然が流罪から免れるには、表面的に従順な態度をとるように信空が提言したが、法然は流刑を恨まず、田夫野人に念仏を勧める絶好の機会で、むしろ朝恩ともいうべきだ、とする法然の悠然たる態度を叙述している。ところが、法然を流罪に処した「無道の障難」に対して、因果の理にもとづき「常随《じようずい》守護の神祇冥道《みようどう》」が「とがめ」るに違いない、と穏やかな予言にとどめている。しかし『古徳伝』などは、信空の言葉として、先師の言《ことば》相違せず。はたしてその報《むくい》あり。如何者承久《いかんとなればじようきゆう》の騒乱に東夷上都を静謐《せいひつ》せしとき、君

別離を悲しむ師弟（33巻3図）

は北海の島の中にましまして、多年心をいたましめ、臣は東土の路の頭《ほとり》にして、一時に命をうしなふ。先言不違《たがわず》、後生宜《よろしく》聞《きくべし》、云々。（巻七）

と語らせている（『琳阿本』も同じ内容）。承久の乱に負けて、「君」（後鳥羽上皇）が隠岐《おき》に流され、「臣」（藤原光親《みつちか》）が駿河《するが》で斬首されたのは、住蓮・安楽の死罪や法然の流罪など、専修念仏を迫害した報いであったと断言している。

もう一つは西阿との対話である。『醍醐本』の［一期物語］が原拠で、『琳阿本』『古徳伝』もまた収める。［一期物語］によると、ここにいう「経釈の文」とは『無量寿経』の「一向専念無量寿仏」、『観経疏《かんぎょうしょ》』の「一向専称弥陀仏名」を指している。「我頸《くび》を截《き》らるると雖《いえど》も、此《こ》の事云《い》はざるべからず」（原漢文）という法然の毅然とした態度に、門弟たちは緊迫の中で感動したに違いない。なお、以上の二篇の対話は、『琳阿本』では順序が入れ替わっている。

遊女を教化

同国室《むろ》の泊《とまり》に着き給ふに、小船一艘《そう》近づき来たる。これ遊女が船なりけり。遊女申さく、「上人の御船のよし承《うけたまわ》りて推参し侍《はべ》るなり。世を渡る道まちまちなり。いかなる罪ありてか、かかる身となり侍らむ。この罪業《ざいごう》重き身、いかにしてか後の世助かり候《さぶろ》ふべき」と申しければ、上人あはれみて宣《のたま》はく、「げにもさやうにて世を渡り給ふらん、罪障まことに軽《かろ》からざれば、酬報また計りがたし。もしかからずして、世を渡り給ひぬべき計りごとあらば、速やかにその業《わざ》を捨て給ふべし。もし余の計りごともなく、また身命《しんみょう》を顧みざるほどの道心いまだ起こり給はずば、ただそのままにて専《もは》ら念仏すべし。弥陀如来は、さやうなる罪人のためにこそ、弘誓《ぐぜい》をも立て給へる事にて侍れ。ただ深く本願をたのみて、あへて卑下《ひげ》する事なかれ。本願をたのみて念仏せば、往生疑ひあるまじき」よし、懇《ねんご》ろに教へ給ひければ、遊女随喜の涙を流しけり。後に上人宣ひけるは、「この遊女、信心堅固なり。定めて往生を遂ぐべし」と。帰洛の時、ここにて尋ね給ひければ、「上人の御教訓を承りて後は、このあたり近き山里に住みて、一すぢに念仏し侍りしが、いくほどなくて臨終正念にして、往生を遂げ侍りき」と人申しければ、「しつらん、しつらん」とぞ仰せられける。（三四巻五段）

法然が同国（播磨）室の泊（港）に到着すると、一艘の小船が近づいた。遊女の船であった。遊女が「京で名高い法然上人が乗った船だと聞き、押しかけて来た。生活する方法はさまざまあろうが、私は前世にどのような罪を犯したために、このような遊女の身になったのだろうか。この罪深き身が来世に助かる道はあるのか」と尋ねた。上人は哀れに思って、「確かにそのような暮らしを立てておれば、罪障は重く、その報いも想像しがたい。もし、このような生活をせずに世を渡れるものなら、早くその生業《なりわい》をなすべきだ。しかし、ほかの方法で生計が立たず、身命を惜しまないほどの道心が起こらないのなら、現在の境遇のままで、ひたすら念仏すべきである。阿弥陀仏は、そなたのような罪人のために誓いを立てられた。深く本願をたのみ、卑下する必要はない。疑いなく往生できよう」と懇切に教えた。遊女は涙を流して喜んだ。後になって上人は、「この遊女の信心は固く、きっと往生を遂げるに違いない」と語った。上人が配所から都へ帰る途中、この地に立ち寄り、遊女のことを尋ねると、村の人が「遊女は上人の教えを受けて、近くの山里に住み、ひたすら念仏し、ほどなく臨終に心乱れず往生した」と話したので、上人は「そう、往生したであろう」といった。

法然が配流地へ赴いた経路は、『行状絵図』などによると、建永二年（一二〇七）の三月十六日に都を出て、鳥羽の南の門から淀川を下り、摂津の経島《きょうのしま》（今の兵庫）、播磨の高砂浦《たかさごのうら》（加古川の河口）、同国の室泊《むろのとまり》（今の御津）を経て、三月二十六日に讃岐の塩飽《しわく》（瀬戸内海の諸島）の地頭、高階保遠《たかしなやすとう》（入道西忍《さいにん》）の館《やかた》に着いている。『伝法絵』を除く諸伝は、経島において法然が村人と結縁し、念仏（往生の行）を勧めたと述べ、『行状絵図』のみが高砂浦にて海人《あま》の老夫婦を教化して、「汝がごとくなる者も、南無阿弥陀仏と唱ふれば、仏の悲願に乗じて浄土に往生すべき旨」を説いたとあり、そして『伝法絵』以下の諸伝が、室泊における遊女教化のことを掲げる。

『伝法絵』の当段の話は、法然が室泊に着くと遊女がきたこと、むかし行尊が江口・神崎の遊女に纏頭《てんとう》（祝儀を与える）したこと、室泊の長者が今様《いまよう》を歌って往生したこと、遊女が上人に結縁したこと、という展開である。『琳阿本』もほとんど同内容だ。ところが、『法然上人伝法絵』（高田本）や『法然聖人絵』（弘願本）では、上人と遊女との結縁がなく、上人と修行者との三心具足の念仏に関する問答*が行なわれている。『古徳伝』はさらに増幅されて、「少将の上人」（実範）と遊女の逸話が加わる。

＊この問答は、『醍醐本』の「禅勝房との十一箇条問答」の第十一問が典拠だといわれている。

『行状絵図』は、先行の伝記の遊女に関する逸話や物語を一切引くことなく、遊女に対する教説を明確に述べている。高砂浦の海人と同様に、生業そのものが「罪業」とみなされた人であっても、念仏で往生できることを説いている。ここには「弥陀如来は、さやうなる罪人のためにこそ、弘誓《ぐぜい》をも立て給へる事にて侍れ」という悪人往生論が基調となっており、それは法然の在世当時の教説に即するので、舜昌が『行状絵図』編纂当時の遊女の宿業観や罪業観にもとづき、遊女教化譚を創作したのではない。

讃岐に滞在

三月廿六日、讃岐《さぬき》国塩飽《しわく》の地頭、駿河権守高階保遠《するがごんのかみたかしなやすとう》入道西忍《さいにん》が館《やかた》に着き給ひにけり。西忍、去夜の夢に満月輪の光赫奕《かくやく》たる、たもとに宿ると見て、怪しみ思ひけるに、上人入御《にゅうぎょ》ありければ、この事なりけりと思ひ合はせけり。薬湯《くすりゆ》をまうけ、美膳をととのへ、さまざまにもてなし奉《たてまつ》る。上人、念仏往生の道こまかに授け給ひけり。中にも不軽大士《ふきょうだいじ》の、杖木《じょうもく》・瓦石《がせき》を忍びて四衆の縁を結び給ひしがごとく、「いかなる計りごとをめぐらしても、人を勧めて念仏せしめ給へ。あへて人のためには侍《はべ》らぬぞ」と返す返す附属し給ひければ、深く仰せの旨を守るべき由をぞ申しける。その後は自行化他、念仏のほか、他事なかりけり。（三十五巻一段）

讃岐国子松庄《こまつのしょう》に落ち着き給ひにけり。当庄の内、生福寺《しょうふくじ》といふ寺に住して、無常の理《ことわり》を説き、念仏の行を勧め給ひければ、当国・近国の男女貴賤、化導に従ふ者、市のごとし。或《ある》いは邪見放逸の事業《ことわざ》を改め、或いは自力難行の執情《しゅうじょう》を捨てて、念仏に帰し往生を遂ぐる者、多かりけり。辺土の利益《りやく》を思へば、朝恩なりと喜び給ひけるも、まことに理にぞ覚え侍る。（三十五巻二段）

上人在国の間、国中霊験《れいげん》の地、巡礼し給ふ中に、善通寺《ぜんつうじ》といふ寺は、弘法大師《こうぼうだいし》、父のために建てられたる寺なりけり。この寺の記文《きもん》に、「ひとたびも詣《もう》でなん人は、必ず一仏浄土の友たるべし」とあり。「このたびの思ひ出《い》で、この事なり」とて喜び仰せられける。（三十五巻六段）

（建永二年）三月二十六日に、上人は、讃岐国塩飽の地頭である高階保遠（入道して西忍という）の館に着いた。西忍が前夜の夢に、満月が輝いて衣の袖にとどまったのを見て、怪訝《けげん》に思っていたところ、上人が到着したので、夢はこのことかと思い当たった。西忍は早速、薬湯と料理を用意し、もてなした。上人も、西忍に念仏の道を詳しく説いた。とりわけ常不軽菩薩が木石で打たれる暴力にも耐えて、四衆（出家の修道者や在俗の信者）と結縁した故事を引き、どのような計略を講じてでも、人びとに念仏を勧めるようにせよ、これは他人のためばかりではない、と繰り返し念仏の教えを授けた。西忍は上人の仰せを守る旨を答え、その後は自ら念仏を唱え、他人にも念仏を唱えさせる以外のことはなかった。

それから上人は、同国の小松庄（今の琴平）に定住した。生福寺に住み、世の無常なることを説き、念仏の行ないを勧めると、讃岐国や近辺の国々から人びとが市のように集ってきた。邪悪放漫な行動を改悛し、自力の難行に執着する心情を止め、念仏に帰依して往生を遂げるものが多かった。辺鄙な田舎の人たちを救済したことを考えると、上人が流罪を朝恩と喜んだの

讃岐国塩飽の地頭の館（35巻１図）

も道理であった。
上人が讃岐国の霊験あらたかなところを巡礼した中に、弘法大師が父（佐伯善通《さえきよしみち》）のために建てた善通寺があった。この寺の古記録に「一度でもここに参詣した人は、必ず極楽浄土に往生し、互いに友となるであろう」と書かれていた。上人は、今生での思い出とはこのことだと喜んだ。

法然は、讃岐国の塩飽島をへて、小松庄の生福寺にとどまった。その間、弘法大師の建立になる善通寺など、国中の霊験の地を巡った。諸伝が一致して記す足跡は以上であって、土佐国には赴いていない。『法然聖人絵』（弘願本）に「遠流の時、ことさら九条殿の御沙汰にて土佐へは御代官をつかはして、上人をばわが所領讃岐におきまいらせ給《たまい》ける」（巻三）というのが、あるいは史実に近いのかも知れない。『行状絵図』にも「禅定《ぜんじよう》殿下、土佐国までは余りに遥《はる》かなる程なり、わが知行の国なれ

子松庄生福寺にて説法（35巻2図）

ばとて、讃岐国へぞ移し奉られける」（巻三十四）というが、『法然聖人絵』（弘願本）の方がより的確な記述であろう。九条兼実の計らいで、流刑地の土佐へは代理人を遣わし、法然を領国（知行《ちぎょう》国）の讃岐に滞在させた。* 当時すでに兼実は権勢を失っていたが、法然を罪科に処することにもとより躊躇《ちゅうちょ》していた朝廷では、この措置を黙認した可能性が高い。

*讃岐は九条兼実の子良経《よしつね》の領国であった。良経が元久三年（一二〇六）三月に没した後、四月に兼実の要請で、良経の領国の讃岐・越後を土佐に代えたとする『三長記』の同年四月三日条によって、法然が流罪された建永二年（一二〇七）当時、讃岐は九条家の領国でなかったと見る説が存する。しかし、『三長記』は続けて「彼《か》の両国、御一忌の間、沙汰に及ぶべからず歟《か》」（原漢文）と記し、両国の交換は良経の一周忌まで行なわれなかったと考えられるから、『法然聖人絵』（弘願本）の記事には矛盾がない。

塩飽の地頭・高階保遠（西忍）に対する教説は、『行状絵図』では粗筋において『伝法絵』『琳阿本』と一致するが、『古徳伝』では『法然聖人絵』（弘願本）『法然上人伝法絵』（高田本）

になって、自力・他力に関する問答が行なわれたことになっている。この問答は、先の室の泊における教説と同様に、『醍醐本』の［禅勝房との十一箇条問答］が典拠と考えられ、その第十問に相当する。

ここに「伝法絵」系の絵伝は、『伝法絵』『琳阿本』『行状絵図』と、『法然聖人絵』（弘願本）『法然上人伝法絵』（高田本）『古徳伝』との二系統にわけられる。前者は浄土宗（鎮西流）系、後者は真宗系の法然伝だといえよう。それにしても、がんらい禅勝房が法然に問い、法然が答えたという問答形式の法語が、どうして発問者の名を変えて流罪地へ赴く法然の教化譚に入れられたのか、伝記作者の意図が判然としないのである。

赦免と勝尾寺滞在

月輪《つきのわ》殿の仰せ置かるる趣をもて、光親卿《みつちかきよう》たびたび申し入れらるるといへども、叡慮《えいりょ》なを心よからず。しかるに上皇御夢想の御事ありける上、中山の相国《しょうこく》頼実公、厳親の善知識たりし因縁を忘れず、上人流刑の事を嘆き給ひて、念仏興行の事、定めて仏意《ぶっち》に背かざらむか、門弟の誤りをもちて咎《とが》を師範に及ぼされ、罪科せらるる事、冥鑑《みょうかん》はかりがたき由、しきりにいさめ申し給ひければ、折しも最勝四天王院供養に大赦《たいしゃ》を行なはれけるに、その御沙汰ありて、同年十月廿五日改元承元元年也十

二月八日、勅免の宣旨《せんじ》を下されけり。かの状に云く、

太政官符《だいじようかんふす》　土佐国司《ときのこくし》

流人　藤井元彦

右、正三位行《ぎよう》権中納言兼《けん》右衛門督《えもんのかみ》藤原朝臣隆衡《あそんたかひら》宣す。奉　勅《ちよくをうけたまわるに》、件《くだん》の人は二月廿八日事に坐《つみ》して彼《か》の国に配流す。しかるを思ふところあるに依りて、ことに召し返さしむ。但し宜《よろ》しく畿の外《ほか》に居住して、洛中に往還する事なかるべし。者《ていれば》国宜しく承知して宣に依りてこれを行なへ。符到奉行《ふいたらばぶぎようせよ》。

承元元年十二月八日　　左大史小槻宿禰《おつきすくね》

権右中弁藤原朝臣

勅免のよし都鄙に聞こへしかば、京都の門弟は再会を喜び、辺鄙の土民は余波《なごり》を惜しむ。喜びと嘆きと相半ばにぞ侍りける。（三十六巻一段）

恩免ありといへども、なを洛中の往還を許されざりしかば、摂津《せつつ》国勝尾寺《かちおでら》にしばらく住み給ふ。この寺は善仲《ぜんちゆう》・善算《ぜんさん》の古跡、勝如《しようによ》上人往生の地なり。上人、西の谷に草庵を結びて住み給ひけり。をりふし恒例の引声《いんぜい》の念仏ありけるに、僧衆の法服破壊《はえ》して見苦しかりければ、弟子法蓮房《ほんれんぼう》をもて、京都の檀那《だんな》に仰せられて、装束《しようぞく》十五具調《ちよう》じて施入せらる。寺僧喜びて、臨時に七日の念仏を勤行《ごんぎよう》しけり。（三十六巻三段）

当寺に一切経ましまさざる由を聞き給ひて、上人所持の一切経論一蔵《ひとくら》を施入し給ひければ、住侶随喜悦予《えつよ》して、老若七十余人、花を散らし香をたき、幡《ばん》をささげ蓋《がい》をさして迎へ奉《たてまつ》る。この経論開題供養のために、聖覚《せいかく》法印を招請せられければ、貴命を受け再会を喜びて、唱導を勤められけり。（三十六巻四段）

月輪殿（九条兼実）が遺言で示した趣旨に従って、藤原光親は何回も法然の赦免を後鳥羽上皇に願い出たが、上皇の心は変わらなかった。ところが、上皇が夢に法然を見たこともあって、中山相国（藤原頼実《よりざね》）は、厳父（大炊御門経宗《おおいみかどつねむね》）の臨終を法然が看取ったという仏縁を忘れずにいて、法然の流刑を悲しみ、念仏を広めることが釈尊の心にそむくはずはなく、門弟の犯した過失を師匠にまで及ぼすのは、きっと神仏の罰を蒙るであろうと、しきりに上皇をいさめた。そのころ、最勝四天王院の供養のために大赦が行なわれて、承元元年（一二〇七）十二月八日に、流罪赦免の宣旨が下った。その文書にいう。

太政官より土佐の国司に通達する。

流人　藤井元彦

右は、正三位行権中納言兼右衛門督の藤原隆衡が宣する。勅を奉ずるに、この者は去る二月二十八日に罪を犯したので、土佐国に配流したが、思うところにより特に召し返す。ただし、畿外（都の周辺から離れた地）に居住して、京都に往来してはならない。ということで、土佐国はこの旨を承知して宣旨によって実施せよ。この通達が到着すれば奉じて行なえ。

承元元年十二月八日　　左大史小槻宿禰

権右中弁藤原朝臣

法然が勅をもって赦免されたことは都や田舎に伝わった。京都にいた弟子らは法然との再会を待ち、田舎の人たちは別れを惜しんだ。悲喜こもごもであった。

恩赦を受けたとはいえ、都への帰還が許されなかったので、摂津国の勝尾寺にしばらく住むことになった。この寺は、奈良時代に善仲・善算という双子の僧が建てた古跡で、平安前期に無言の行で知られた勝如が往生した霊地でもある。上人は寺の西の谷に庵を造り住んだ。そのころ、勝尾寺では恒例の引声念仏（緩やかな曲調で阿弥陀仏号を唱える）が営まれていたが、僧侶の法衣が破れてみにくかった。そこで上人は弟子の法蓮房（信空）を遣わして、京都の施主に頼んで法服十五人分を新調し、これを寺に寄進した。寺僧たちは喜び、臨時に七日間の念仏を修した。

この勝尾寺には、源平の戦乱で焼けたのか、一切経がなかった。このことを聞き及んだ上人は、自ら所持する一切経論を一揃《ひとそろ》え寄付した。僧侶たちは大いに喜び、老若七十人余りが、花を散らし香をたき、幡《はた》をなびかせ蓋《かき》をかざして、一切経論を迎えた。この経論を供養する法会に、安居院《あぐい》の聖覚を招待した。聖覚は上人の仰せを受け、再会を喜びながら説法の役を勤めた。

流罪赦免のことは諸伝に記すところだが、その契機に関して『琳阿本』の記述は、

流罪の後、辺州にくちなむ事、冥鑑のはばかり有《あり》。いそぎめしかへさるべきよし申あはれければ、龍顔逆鱗《りゅうがんげきりん》のいましめをやめて、めしかへさるべきよし宣下せらる。（巻七）

とあるだけで漠然としているのに対して、『行状絵図』は具体的でかなり詳しい。「月輪殿の仰せ置かるる趣」とは、兼実が光親卿に対して、「われ他界に赴くといふとも、連々に御気色《みけしき》をうかがひて恩免を申し行なはるべし」（三十五巻三段）と遺言したことを指すが、「上皇御夢想の御事ありける」がなにを意味するのか、確かでない。次に掲げる建暦元年（一二一一）七月ごろの夢想を指示するとなれば、年代が合わない。

勝尾寺に一切経施入（36巻4図）

赦免の宣旨にも、伝記によって異説が存する。「伝法絵」系でも、『伝法絵』は建永二年（一二〇七）八月の左弁官下文《くだしぶみ》、『琳阿本』は承元三年（一二〇九）八月の左弁官下文、『古徳伝』は建暦元年（一二一一）八月の左弁官下文とまちまちである。伝記作者の依拠するところの相違であろう。承元元年（一

一切経開題供養（36巻 4 図）

二〇七）十一月二十九日に、最勝四天王院（白河殿新御堂《しらかわどのしんみどう》）の供養に際して「赦」が行なわれたことは、『明月記』の同日条によって傍証される。

この「赦」にともなう法然の赦免を命ずる太政官符について、勅を奉じた上卿《しょうけい》（政務を担当する当番の公卿）の藤原隆衡の位階・官職は、当時の文献に照らして合致しているから、特に問題は指摘できない。文面の「畿の外」は、大抵の刊本は「畿内」と読んでいる。だが原文に即するかぎり、「畿外」と読まざるを得ない。法然が讃岐から京都に向かう途中で、暫時とどまった勝尾寺が摂津国にあって、畿内に属するからそう読解したにすぎない。「畿」とは京師《みやこ》よりの一定距離内の地域を指すが、律令時代では大和・山城・摂津・河内・和泉の五国に囲まれた地域（五畿内）を意味した。しかし、王朝時代になると「畿」は観念的に理解されて範囲を縮め、山城国だけを指示したのではないか。*したがって、太政官符の「畿の外」と摂津国の勝尾寺に居住したことに矛盾はない。

＊『延喜式』（巻三）に疫神祭を行なう「畿内の堺の十処」として掲げる十箇所に、律令時代の五畿内と畿外諸国の境界七箇所に加えて、新たに山城・摂津、山城・河内、山城・大和との境三箇所があげられている。王朝時代には、山城国と境を接する国を「畿外」と認識していたと考えられる。

勝尾寺滞在中に法衣の装束を寄進したことは、先行伝記の中で『琳阿本』『古徳伝』には見えない。一切経の施入と聖覚の唱道のことは諸伝に見えるが、『伝法絵』（巻三）は法衣の寄進に続けて、「感にたえず、住侶等、臨時に七日七夜の念仏勤行し侍《はべり》ける。住僧各《おのおの》随喜悦与して、法印聖覚唱道として、開題讃嘆の後」云々とあり、一切経施入がなかったように読み取れる。しかし、「開題」とは経典の供養のことで、「住僧各随喜悦与（予）して」は他伝では一切経施入にかかる記事である。「勤行し侍ける」の後に脱文が考えられるので、『伝法絵』の原本には一切経施入に言及していたに違いない。

京都に帰還

同年七月のころ、上皇御夢想の御事ましましき。蓮華王院に御参ありけるに、衲衣《のうえ》を着せる高僧近づき参じて、奏して云《いわ》く、「法然房は、故法皇ならびに高倉の先帝の円戒の御師範なり。徳賢《けん》聖《じょう》に等しく、益《やく》当今にあまねし。君、大聖《だいしょう》の権化《ごんげ》をもて還俗《げんぞく》配流の罪に処す。咎《とが》五逆に同じ。

苦報恐れざらむや」と。この事おどろき思《おぼ》し召されて、藤《とう》中納言光親卿に、ひそかに御夢想の次第を仰せ下さる。かの卿、折をえて、早くこの上人の花洛の往還を許さるべき旨、しきりに奏し申しければ、同十一月十七日、かの卿の奉行として、花洛に還帰あるべき由、烏頭変毛《うとうへんもう》の宣下《せんげ》を被《こうむ》り給ひぬ。則《すなわ》ち同廿日《はつか》、上人帰洛し給ひければ、一山徳をしたひ、満寺名残《なごり》を惜しみて、万仭《ばんじん》の霞《かすみ》より出《い》でて、九重《きゅうちょう》の雲にぞ送り奉《たてまつ》りける。（三十六巻五段）

慈鎮《じちん》和尚の御沙汰として、大谷の禅房に居住せしめ給ふ。むかし釈尊、上天の雲より下り給ひしかば、人天大会《だいいえ》まづ拝見たてまつらむ事を争ひき。いま上人、南海の波をさかのぼり給へば、道俗男女さきに供養をのべん事をいとなむ。群参の輩《ともがら》、その夜の内に一千余人と聞こえき。幽閑の地を占め給ふといへども、日々参詣の人、連綿として絶へざりけり。（三十六巻六段）

同年（建暦元《けんりやく》＝一二一一）七月ごろ、後鳥羽上皇の夢に、蓮華王院へ参詣したところ、粗末な法衣を着た高僧が近づき、「法然房は、後白河法皇と高倉天皇に円頓戒《えんどん》を授けた戒師である。その知徳は賢人や聖人に等しく、その利益《りやく》は今の世に広く行き渡っている。それなのに、上皇は仏の化身たる法然を還俗させ、配流した。その過ちは五逆罪に当たり、報いの苦しみを恐れないでいようか」と申しあげた。法皇はこの夢告に驚き、近臣の藤原光親（権中納言）に事情を話した。光親はこの機会をとらえて、法然に京都への往還を許すべきだと申しあげた。ついに十一月十七日、光親が上皇の勅を奉じて、京都に帰還すべき旨を宣下した。そして十一月二十日に、法然が京都へ帰ることになり、勝尾寺の僧たちが法然の徳を慕い、名残を惜みつつ、都へと見送った。

上人は、慈鎮和尚（慈円）の計らいで、大谷の庵に居住した。その昔、釈尊が天より下りて来たとき、人天（人間と天人）の世界にいるものが集り、先を争って釈尊を拝んだように、上人が四国より都に帰還したので、人びとが群がって供養を差しあげようとした。群衆は、その夜の内に千人を超えたという。大谷は閑静な地であったが、毎日訪れる人が絶えなかった。

法然の帰洛と大谷居住について、『行状絵図』はその大半を『琳阿本』に依拠したと考えられるが、ここに引用した後鳥羽上皇の夢想のほか、上皇が石清水《いわしみず》八幡宮へ御幸《ごこう》（外出）のとき、巫女《みこ》に「王者の徳失によりて国土の治乱あり」などという託宣があったことを記す。これらは『琳阿本』を始め、他伝には見えない。その『琳阿本』は『伝法絵』（巻三）の、

いくほどなくして、帰京のよし聞えければ、一山なごりををしみて、九重の雲におくりたてまつる。

龍顔逆鱗のいましめをやめて、鳥頭反毛の宣下をかぶり給《たまい》しより、勝尾に隠居ののち、鳳城に還帰あるべきよし、太上天皇の院勅をうけ給はらしめ給ければ、吉水の前《さきの》大僧正慈鎮の御沙汰とし

て、大谷の禅房に居住し給。
権中納言藤原光親卿、奉行にて帰京のよし被仰下《おおせくだされ》侍《はべり》ける時、もとよりかくこそは侍るべかりける。

という各文章の多くを継承している。『行状絵図』は、先行の『琳阿本』が不確かであった日付について、『醍醐本』の［御臨終日記］の、

勝尾寺より京都へ向う（36巻５図）

大谷禅房に帰還（36巻６図）

建暦元年十一月十七日、入洛すべきの由、宣旨を賜はる。藤中納言光親の奉《うけたまわり》なり。同月廿日、入洛し東山大谷に住す。（原漢文）

をもとに補訂している。すなわち『行状絵図』は、『琳阿本』が『伝法絵』を原拠とした記事に不十分な箇所がある場合、『醍醐本』によって補った。この傾向は、次項の臨終に関する記事においても指摘できるのである。

臨終とその瑞相

建暦《けんりゃく》二年正月二日より、上人、日来《ひごろ》不食《ふじき》の所労増気し給へり。すべてこの三、四年よりこのかたは、耳目朦昧《もうまい》にして、色を見、声を聞き給ふ事、ともに分明ならず。しかるを今、大漸《たいぜん》の期《ご》近づきて、二根明利《みょうり》なる事、昔に違《たが》はず。見る人随喜し、不思議の思ひをなす。二日以後は、さらに余言を交へず、ひとへに往生の事を談じ、高声《こうしょう》の念仏絶へずして、睡眠の時にも舌口常《とこ》しなへに動く。同三日、ある弟子、「今度《こたび》御往生は決定か」と尋ね申すに、「われもと極楽にありし身なれば、定めて帰り行くべし」と宣《のたま》ふ。また法蓮房申さく、「古来の先徳、みなその遺跡《ゆいせき》あり。しかるに今、精舎《しょうじゃ》一宇も建立なし。御入滅の後、いづくをもてか御遺跡とすべきや」と。上人答へ給はく、「跡《あと》を一廟《びょう》に占《し》むれば、遺法《ゆいほう》あまねからず。予が遺跡は、諸州に遍満すべし。故《ゆえ》いかむとなれば、念仏の興行は、愚老一期の勧化《かんげ》なり。されば念仏を修せん所は、貴賤《きせん》を論ぜず、海人《あま》・漁人《すなどり》が苫屋《とまや》までも、みなこれ予が遺跡なるべし」とぞ仰せられける。（三十七巻一段）十一日の辰《たつ》の時に、上人起き居《い》給ひて、高声念仏し給ふ。聞く人みな涙を流す。弟子等に告げて宣《のたま》はく、「高声に念仏すべし。弥陀仏の来たり給へるなり。この御名《みな》を唱ふれば、一人としても往生せずといふ事なし」とて、念仏の功徳をほめ給ふ事、あたかも昔のごとし。観音・勢至菩薩、聖衆《しょうじゅ》現じてましします。拝み奉《たてまつ》るや」と宣へば、弟子等「拝み奉らず」と申す。これを聞き給ひて、「いよいよ念仏すべし」と勧め給ふ。（三十七巻二段）

廿日《はつか》の巳《み》の時に、坊の上に紫雲そびく。中に円形の雲あり。その色五色にして、図絵の仏の円光のごとし。路次往反《おうへん》の人、処々にしてこれを見る。弟子等申さく、「この上に紫雲あり。御往生の近づき給へるか」と。上人宣《のたま》はく、「哀れなるかなや。わが往生は一切衆生のためなり。念仏の信を取らしめむがために、瑞相現ずるなり」と。また同じき日の未《ひつじ》の時に至りて、空を見上げて、目しばらくも瞬《まじろ》ぎ給はざる事、五、六反《へん》ばかりなり。看病の人々怪しみて、「仏の来り給へるか」と尋ね申せば、「しかなり」と答え給ふ。また廿四日の午《うま》の時に、紫雲大きにたなびく。西山の水の尾の峰に炭焼く輩《ともがら》十余人、これを見て来りて告げ申す。広隆寺より下向しける禅尼《ぜんに》も、途中にしてこれを見て、訪ね来たりて、この由を申す。見聞の諸人、随喜せずといふ事なし。（三十七巻四段）

廿《にじゆう》三日よりは、上人の御念仏、あるひは半時《はんとき》あるひは一時、高声念仏不退なり。廿四日の酉《とり》の刻より廿五日の巳《み》の時に至るまでは、高声体をせめて無間《むけん》なり。弟子五、六人、代はる代はる助音するに、助音は窮屈すといへども、老邁《ろうまい》病悩の身怠《おこた》り給はず。未曾有《みぞう》の事なり。群集の道俗、感涙を催さずといふ事なし。廿五日の午《うま》の刻よりは、念仏の御声やうやく微《かす》かにして、高声は時々まじはる。まさしく臨終にのぞみ給ふ時、慈覚《じかく》大師の九条の袈裟《けさ》をかけ、頭北面西《ずほくめんさい》にして、「光明遍照《へんじよう》、十方世界、念仏衆生、摂取《せつしゆ》不捨」の文を唱へて、眠るがごとくして息絶へ給ひぬ。音声とどまりて後、なを唇舌《しんぜつ》を動かし給ふ事、十余反ばかりなり。面色ことに鮮やかに、形容笑《え》めるに似たり。建暦二年正月廿五日午の正中なり。春秋八十に満ち給ふ。釈尊の入滅に同じ。

(三十七巻五段)

建暦二年(一二一二)の正月二日より、上人は日ごろの食事が進まず、疲れが次第に増した。三、四年ほど前から耳も目も衰え、はっきりと物を見たり、声を聞いたりするのができなくなった。ところが、死期が近づいたのに二根(視覚と聴覚)は明確で、昔と変わらないことを、人びとは喜ぶと同時に驚いた。二日以後は、他言を交えず、往生について談じ、高声(声に出す)の念仏を絶やさず、睡眠中でも舌と口がつねに動いていた。三日には、ある弟子が「このたびの往生は、決定的だろうか」と尋ねたところ、上人は「私はもともと極楽にいた身だから、間違いなく極楽に帰るだろう」といった。また、法蓮房（信空）が「昔から高僧には、その遺跡としての寺院がある。だが、上人は堂宇一つも建立していない。どこを上人の遺跡と定めるべきか」と尋ねた。すると上人は「遺跡を一つのところに限ってしまえば、私が遺《のこ》した念仏の教えは広がらない。私の遺跡は諸国に満ち溢れるであろう。そういうのも、私の一生は念仏を勧めて盛んにすることであったから、念仏を唱える者がいるところは、身分の上下を問わず、海辺にある漁師の小屋までもが、私の遺跡だ」と答えた。

十一日の朝八時ごろ、上人は起きあがり、高声に念仏を唱えた。その声を聞いた人は涙を流した。上人は弟子らに向かい、「高声の念仏をせよ。今ここに阿弥陀仏が来迎した。名号を唱えれば、誰でもが往生する」と言い、念仏の功徳をたたえることは、平生と変わらなかった。そして上人は「観音・勢至の菩薩もまた姿をあらわしたが、お前たちには見えるのか」と聞いた。弟子らが拝めないと答えると、上人は「もっと念仏せよ」と勧めた。

二十日の午前十時ごろ、住房の上に紫雲がたなびき、五色の円形の雲があって、絵に描いた仏の後光のようであった。道を往来する人が各所でこの雲を見た。弟子らが「坊舎の上に紫雲があらわれたが、往生の時が近づいたのか」と申しあげると、上人は「そうか、ありがたいことだ。私の往生は一切の衆生に念仏を確信させるためであり、その証《あか》しに瑞相（吉兆）があらわれた」といった。同日の午後二時ごろ、上人が瞬《まばた》きせずに空を見あげること五、六返あった。

看病の人が怪しみ、仏の来迎かと尋ねると、上人はそうだと答えた。

なお、二十四日の昼十二時ごろ、紫雲が大きく空にかかった。西山の水尾《みずのお》の山で炭焼きの十人余りがこれを見て報告した。太秦《うずまさ》の広隆寺から帰る途中の尼もこの雲を見て、大谷の庵を訪ねて知らせた。ほかにも紫雲を見聞した人たちは、この瑞相を喜んだ。

二十三日から、上人は一時間ないし二時間、休みなく高声念仏を続けた。二十四日の夜六時ごろから二十五日の朝十時ごろまで、体を責め立てるように間断がなかった。弟子五、六人が交代で上人の念仏に助音（唱和）した。助音の人は疲れ果てたが、上人は老病にもかかわらず、念仏に怠りなかった。上人の住房に群がり集った人びとは、みな感涙を催した。

二十五日の真昼ごろから、念仏の声が弱まってきたが、ときには高声の念仏が混じった。いよいよ臨終のときを迎え、相伝していた慈覚大師（円仁）の袈裟をかけて、頭を北に面《かお》を西に向け、「光明は遍く十方の世界を照らして、念仏の衆生を摂取して捨てず」という経文を唱えて、眠るように息が絶えた。声が絶えた後も、唇や舌を動かすこと、十返余りであった。顔色は鮮やかで、微笑《ほほえ》むようであった。建暦二年正月二十五日の正午のこと、年齢は八十歳、釈尊と同じであった。

法然が京都に帰還してから臨終にいたるまでの動静は、伝記とは別に作られた日録風のものがあっ

臨終と往生の瑞相(37巻5図)

た。『西方指南抄』所収の「法然聖人臨終の行儀」が最も詳しく、『醍醐本』の「御臨終日記」がこれに次ぐ。高弟の隆寛《りゅうかん》が祖師報恩の講式（仏や先徳を賛嘆する儀式の次第）として制作した『知恩講私記』の第四の「決定《けつじょう》往生の徳」に「広く旧伝を考へるに、多く瑞相を載せたり。然《しか》るに先師上人、種々の霊異、連々の奇瑞、人《ひと》口実に備ふ。世《よ》皆知る所なり」（原漢文）として、上人の往生を証する瑞相をあげている。簡潔な文章ながら「法然聖人臨終の行儀」や「御臨終日記」には見えない記事もあるので、これらの原本ともいうべき存在の文献を想定しうる。

『行状絵図』はこれらの臨終の日録から直接に採録したのではなく、先行伝記の『琳阿本』にほとんど依拠している。ただし第一段については、『古徳伝』を下敷きにしつつ独自に記事を構成したようだ。『行状絵図』の独自性とは、たとえば「睡眠の時にも舌口常《とこ》しなへに動く」は『古徳伝』になく、『醍醐本』「御臨終日記」の「夜睡眠の時、舌口鎮《つね》に動く。見る人、奇特の思ひをなす」によって補ったことは明らかである。信空が遺跡をどこに定

阿弥陀三尊の来迎(同右)

めるかを聞いた話は諸伝には見えず、典拠はわからない。一方、他伝や臨終の日録にありながら、『行状絵図』が意図的に省いたと思われるのは、「われもと天竺にありて声聞《しょうもん》僧にまじはりき。頭陀《ずだ》を行じき。今、日本国に来て天台宗に入《いり》て、又念仏をすすむ」（『琳阿本』巻八）とある、前世では天竺の修行僧に混じり乞《こつ》食《じき》し、現世では日本国に来て天台宗に入り、念仏を勧めたという言葉である。

第二段より以後については、『古徳伝』よりもむしろ『琳阿本』を基本的な素材としたことは、伝記間の比較を通じて明らかになる。しかしながら、「また廿四日の午《うま》の時に」以下の、紫雲を見た西山の炭焼きと、広隆寺より下向の尼が東山大谷の禅房へ報告した話は、『琳阿本』には見えない。この記事は『醍醐本』「御臨終日記」の、

廿四日の午の時、紫雲大いに聳《そび》ゆ。西山に在りて炭焼く十余人、これを見て来たりて語る。また広隆寺より下向せる尼、路頭に於《おい》て「これを見て」（脱文か）来たりて語る。

をもって補充したと考えられる。さらに臨終後の様相として、「面色ことに鮮やかに、形容笑《え》めるに似たり。（中略）釈尊の入滅に同じ」の箇所は、『知恩講私記』の、

面色殊に鮮やかにして、形容咲《え》めるに似たり。時に建暦二年正月二十五日の午の正中なり。春秋八十に満つ。釈尊の在世に同じ。

とほぼ同文なので、ここは『知恩講私記』によって加えたと思われる。こうした補綴《ほてい》は、編者である舜昌の資料を渉猟して詳細を期する態度のあらわれであろう。

ここで注意しておきたいのは、『伝法絵』の文学性豊かな記述が『琳阿本』『古徳伝』『行状絵図』に継承されていないことである。それは立場をかえていうと、「伝法絵」系の伝記の発展過程において、『琳阿本』が法然の臨終の記事を作成するに当たり、日録風の資料を大幅に取り入れたことである。すなわち、『西方指南抄』の「法然聖人臨終の行儀」、『醍醐本』の「御臨終日記」のごとき、法然の臨終の行儀と往生の瑞相を書き留めた記録が、法然の没後当時に流布していたことを示唆している。*このいわば〈法然往生記〉は、専修念仏を提唱した法然の弟子たちにとって、その教えの正しさを証明する物的証拠として、後世に伝えねばならなかった。慈円は『愚管抄』（巻六）に法然の臨終を、

終《つい》ニ大谷ト云《いう》東山ニテ入滅シテケリ。ソレモ往生往生ト云《いい》ナシテ人アツマリケレド、サルタシカナル事モナシ。臨終行儀モ増賀《そうが》上人ナドノヤウニハイワルル事モナシ。

と冷ややかに記すが、法然の往生、往生と騒ぎ立てた様子が読み取れる。

＊『古今著聞集』（巻二）に法然の伝記を略述するが、その大半は臨終の行儀と往生の瑞相の記事であり、こうした文献によっていると思われる。

第二章　法然をめぐる人びと

師の叡空

ある時、上人、「往生の業には、称名《しょうみょう》に過ぎたる行あるべからず」と申さるるを、慈眼房《じげんぼう》は、観《かん》仏《ぶつ》すぐれたる由を宣《のたま》ひければ、称名は本願の行なる故に、まさるべき由を立て申し給ふに、慈眼房また「先師良忍上人も、観仏すぐれたりとこそ仰せられしか」と宣ひけるに、上人、「良忍上人も、先にこそ生まれ給ひたれ」と申されける時、慈眼房腹立ちし給ひければ、「善導和尚も『上来雖説定散両門《じょうらいすいせつじょうさんりょうもん》之《し》益《やく》、望仏本願《もうぶつほんがん》意《い》在衆生《ざいしゅじょう》、一向専称弥陀仏名《いっこうせんしょうみだぶつみょう》』と釈し給へり。称名すぐれたりといふ事、明らかなり。聖教をばよくよく御覧たまはで」とぞ申されける。（六巻二段）

建仁《けんにん》二年三月十六日、上人語りて宣《のたま》はく、「慈眼房は、受戒の師範なる上、同宿して衣食の二事、一向この聖《ひじり》の扶持《ふち》なりき。しかして法門をことごとく習ひたる事はなし。法門の義は、水火のごとく相違して、つねに論談せしなり。この聖と源空とは、南北に房をならべて住したりしに、ある時、聖の居給《い》へる房の前を過ぐるに、聖見たまひて、『あの御房や』と呼び給へば、とまりて『縁に居て候《そうら》ふ』と申すに、『大乗の実智おこさで、浄土に往生してんや』と宣ふに、『往生し候ひなん』と答へ申す時、『何にさは見えたるぞ』と宣ふ間、『往生要集に見えて候ふ』と申すに、『往生要集のうちを見たまひたるぞ』と宣ふ間、『いざ誰《た》がうちを見ざるやらん』と申したれば、聖、腹立ちて、枕をもちて投げ打ちに打ち給へば、やはら逃げてわが房の方《かた》へまかりたれば、追うて御座《おわ》して、箒《ははき》の柄《え》をもちて肩を打ちなどし給ひき。また後に文をもて御座して、『これはいかに言ふ事ぞ』と宣ふを、心のうちに無益《むやく》なり、事の出《い》でくれば、いまは物申さじ、と誓ひを起こして、『いざいかが候ふらん』と申したれば、また腹立ちて、『それらがやうなる人を同宿したるは、かやうの事をも言ひ合はせん料《りょう》にてこそあれ』と宣ひき。かやうにして、つねに諍《いさか》ひはせしかども、最後には、覚悟房《かくごぼう》といひし聖に二字を書かせて、かへりて弟子になりて、房舎・聖教の譲文《ゆずりぶみ》をも、もとは譲渡《ゆずりわたす》と書かれたりしを取り返して、進上と書き直して賜《た》びて、『生々世々《しょうじょうせぜ》にたがひに師弟とならむ料に申すぞ』と宣ひき。(十三巻五段)

あるとき、法然が「浄土に往生するための行ないには、称名(仏の名を称える)より勝るものはない」というと、師の慈眼房(叡空《えいくう》)は、「観仏(仏の相好を観想する)の方が優れている」

と反論した。法然が「称名は、阿弥陀仏が本願に誓った行業であるから、観仏より優れている」と言い返すと、慈眼房は「師の良忍上人も観仏が優れていると申された」と答えた。法然が「良忍上人は私たちより先に生まれているが」といったとき、慈眼房は腹を立てた。法然は「善導も『観経疏《かんぎょうしょ》』の中で、上《かみ》より来《このかた》定散両門の益を説くと雖《いえど》も、仏の本願に望むれば、意《こころ》は衆生をして一向に専ら弥陀仏の名を称せしむるに在り、と釈している。称名が優れていることは明白で、経典を十分に読まれないのは残念だ」といった。

建仁二年（一二〇二）の三月十六日に、上人が以下のように話した。慈眼房は受戒の師匠である上に、同居して衣食の世話になった。しかし、仏教についてなにもかも習ったのではない。教義の解釈は水と火のように異なり、いつも議論していた。この慈眼房と南北に隣り合わせた房舎に住んでいたとき、慈眼房の部屋の前を通ると、「大乗の教えによる修行を積んで実智（真実を正しく知る智）を起こさなくとも、浄土に往生はできるのか」と尋ねられた。私が「往生できる」と答えると、「どの本に出ているのか」と聞かれたので、『往生要集』だと申しあげた。慈眼房が「『往生要集』を読んだが、本当にそうか」と疑ったので、どっちが本の中をよく見てないのだろうか、と反発したところ、慈眼房は腹を立てて、枕を投げつけた。そっと自分の部屋へ逃げたが、さらに追いかけて、箒の柄で私の肩を叩いた。後のことだが、慈眼房は書物を持って来て、文章の意味を問われたが、喧嘩になっても困るので、今は何もいうまいと心に固く決めて、「さあ、どうだろうか」とはぐらかした。慈眼房はまた腹を立て、「お前のような者を同居させているのは、このようなことを話し合うためなのだ」といった。こうして常に口論したが、最後には覚悟房に二字（叡空という実名）を書かせ、それを私に呈して弟子の礼をとった。房舎や経典など財産の譲り状も、もとは「譲渡」と記していたものを取り戻して、「進上」と書き直し、「生まれ変わっても互いに師弟となるために、こういうのだ」と語った。

法然は久安六年（一一五〇）十八歳のとき、比叡山の西塔黒谷に隠遁し、叡空に師事した。法然は叡空を「受戒の師範」と呼んでいるから、隠遁以前から面識があったと考えられる。叡空と法然の師弟間には、常に論議が交わされていた。二人の論争は、『行状絵図』によると、ここにあげた観称優劣論と、もう一つは戒体論である。「往生の業には念仏を本となす」ことは『往生要集』で確立されていた。その「念仏」に観想の念仏と称名の念仏の両義があって、天台宗では伝統的に観想の念仏に価値を認めていた。だから叡空は観仏を、しかし法然は善導の釈義によって称名を主張した。戒体論については『行状絵図』（四巻一段）に、

ある時、天台智者の本意をさぐり、円頓《えんどん》一実の戒体を談じ給ふに、慈眼房は「心をもて戒体とす」と言ひ、上人は「性無作《しょうむさ》の仮色《けしき》をもて戒体とす」と立て給ふ。立破《りっぱ》再三に及び、問答多時を移すとき、慈眼房腹立ちして、木枕をもて打たれければ、上人、師の前を立たれにけり。

法然と論議する叡空（13巻5図）

とある。戒を持《たも》とうとする働きを起こさせる実体はなにか。叡空は「心」とし、法然は「性無作の仮色」（生まれながらにもつ身体）とした。古来より諸師の見解は一様でないが、智者大師（智顗《ちぎ》）は「性無作の仮色」説をとっているから、法然の主張は正しかった。

観称優劣の論争は『琳阿本』と『古徳伝』に見えるが、『行状絵図』は『琳阿本』に準拠したようだ。ただし、『琳阿本』（巻三）は「叡空はらたちて拳《こぶし》をにぎりて上人のせなかをうちて」、「爰《ここ》に叡空上人いよいよはらたちて、くつぬぎにおりて、あしだをとりて、又《また》うち給《たまう》」と、叡空が二度も法然を打擲《ちょうちゃく》したことになっている。

次の建仁二年（一二〇二）の述懐は、師弟のなんとも不思議な仲を物語っている。そもそも法然の述懐は「あるとき」と、年紀を明らかにしないのが通例だが、珍しく年月日まで記している。この段は、先行する伝記に該当記事がない。法然は師の叡空に同宿のうえ、衣食まで扶養してもらったが、仏法に関してすべてを習ったことはなく、考え方は水火のように違い、いつも論議していた、というのは史実であろう。叡空は気短かで、論破する法然に暴力をふるった。法然はそうした叡空にあきれて去ったわけでなく、また叡空もたて突く法然を破門したわけでない。最後には弟子の礼をとり、房舎と聖教を進上している。譲り状の表題を書き直したという話は、『琳阿本』や『古徳伝』にも見えるが、叡空が死後に蘇《よみがえ》って、別紙に「進上のことば」を書き加えたとある。

皇円阿闍梨のこと

上人の師範、功徳院《くどくいん》の肥後阿闍梨皇円《あじゃりこうえん》は、叡山杉生法橋皇覚《えいざんすぎふほっきょうこうかく》の弟子にて、顕密の碩才《せきさい》なりき。しかるにつらつら思惟《しゆい》すらく、「自身の機分をはかるに、このたびたやすく生死《しょうじ》を出《い》づべからず。もしたびたび生《しょう》をあらためば、隔生即忘《きゃくしょうそくもう》して、さだめて仏法を忘るべし。今たまたま人身《にんじん》を受くといへども、恨むらくは二仏の中間《ちゅうげん》にして、なを生死に輪廻せん事を。しかじ長命の報を得て慈尊《じそん》の出世に会はむには。命長きもの、蛇《くちなわ》に過ぎたるはなし。われ必ず大蛇《おろち》の身を受くべし。ただし大海は金翅鳥《こんじちょう》の恐れあり。池に住まん」と思ひて、遠江《とおとうみ》国笠原庄に桜の池といふ池を、かの所の領家《りょうけ》に申しうけて、放文《はなちぶみ》をとり、命終の時、水をこひ、掌《たなごころ》の中に入れて終はりにけり。その後、雨ふらず風ふかざるに、かの池俄《にわ》かに水まさり、大波たちて、池中の塵《ちり》・藻屑《もくず》ことごとく払ひあぐ。諸人耳目をおどろかす由、かの所より領家にしるし申したりければ、その日時をかんがへらるるに、かの闍梨命終の日時にてぞありける。当時にいたるまで、静かなる夜は、池に振鈴《しんれい》の音きこゆなどぞ、申しつたへ侍《はべ》る。末代にかかる例《ためし》ありがたくや侍るらん。上人宣《のたま》ひけるは、「智恵ありて、生死の出でがたき事をしり、道心ありて、慈尊に会はむ事を願ふといへども、よしなき畜趣の生を感ぜる事、しかしながら浄土の法門をしらざる故なり。源空そのかみ、この法をたづね得たらましかば、信・不信をかへりみず、授け申しなまし。極楽に往生の後は、十方の国土、心に任せて経《きょうぎょう》行し、一切の諸仏、思ひにしたがひて供養す。何ぞ必ずしも久しく穢土《えど》に処する事を願はんや。かの闍梨、はるかに後仏《ごぶつ》の出世を期《ご》して、いたづらに池に住み給はん事、いたはしきわざなり」とぞ仰せられける。(三十巻一段)

上人の師匠の皇円(功徳院に住み、肥後の阿闍梨と称した)は、皇覚(杉生の法橋という)の弟子で、顕教・密教に精通した学僧であった。皇円は自らの器量を考えると、迷いの世界から解《げ》脱《だつ》できず、生死を繰り返すうちに、隔生即忘(前世のことを忘れる)のため、仏法を忘れてしまうに違いなく、今たまたま人間に生まれたが、釈迦と弥勒の中間の時代にあって、なお迷界を輪廻するだろうと思った。そこで来世には長生きして、弥勒の出現にめぐり会うには、命が長い蛇になるのがよく、大蛇の身を受けることを願った。大海では金翅鳥に食われる恐れがあるので、池に住みたいと思い、遠江の笠原庄にある桜の池を領主から請い受け、譲り状を得た。

皇円は臨終のとき、水を手の中に入れた。その後、雨も降らず風も吹かないのに、桜の池の水が急に増えて、大波が立ち上がり、塵や藻屑が飛び散った。人びとは驚き、笠原庄の領主に報告した。その日時は、皇円が死亡した日時に当たっていた。今にいたるまで、静かな夜は鈴を振り鳴らす音がすると言い伝えている。末法の世には、こうしたことは先例がない。

上人は、「智恵があって、迷いの世界から逃れることが難しいとわかり、求道の心があって、弥勒に会いたいと願っても、畜生の身に転生するのは、浄土の教えを知らないからだ。私がその昔、この浄土の教えを探り得ていたら、信・不信は別にして、皇円に授けていたであろう。極楽に往生した後には、十方の国土を巡り、一切の諸仏に供養するのだから、どうして長らくこの穢土にいたいと願おうか。皇円が弥勒の出現を待って、池の中に住むのは気の毒なことだ」と語った。

法然の師であり、『扶桑略記』の著者と知られる皇円が弥勒の下生《げしよう》を待つために、遠江国の笠原庄(今の浜岡)にある「桜の池」の大蛇に転生したという話は、『醍醐本』の「一期物語」を始め、『伝法絵』以下の諸伝記に見える。[一期物語]に「或《あ》る時、物語して云《いわ》く」と、法然自身が語った話として紹介しているから、法然の在世中すでに知られていた。「伝法絵」系の絵伝についていうと、『伝法絵』(巻一)は、

遠江国笠原庄桜の池（30巻１図）

> 件《くだんの》闍梨、弥勒下生の暁《あかつき》をまたんがために、五十六億七千万歳の間、遠江国笠原池に、大蛇となりてすまうべきよし、彼《かの》領家に申請《もうしうけ》て、誓《ちかい》にまかせて死後即《すなわち》その池にすまうよし、時の人遠近見知《みしり》するところ也《なり》。

と簡単にしるす。ところが、次の『琳阿本』になると「一期物語」に準拠したらしく、記事が増幅されて、しかも「上人、後に彼池を尋《たずね》て御渡ありけるに、蛇《くちなわ》うきいでて物語ありけりと云々」と、法然が桜の池をたずねて、蛇身となった皇円と面談したとする話が付け加わっている。『古徳伝』では、この後日譚《たん》を省いている。『行状絵図』は『琳阿本』もしくは『古徳伝』を参照したと考えられる。

ところで、法然伝における皇円の話の趣旨はなにか。『行状絵図』の文章をもって答えると、

> 智恵ありて、生死の出で難き事を知り、道心ありて、慈尊に会はむ事を願ふといへども、よしなき畜趣の生を感ぜる事、しかしながら浄土の法門を知らざる故なり。源空そのかみ、この法を尋ね得たらましかば、信・不信を顧みず、授け申しなまし。

にあった。ここには、弥勒信仰に対する批判が込められている。さらに想像をたくましくすれば、法然に天台教学を授けた皇円も、叡空と同様に「上人をもて軌範として、師かへりて弟子となり給ひにけり」(巻四)が予測されたと書きたかったのではないか。

仁和寺の守覚法親王

上人、諸宗に通達し給へること、人口あまねき上、慶雅法橋《きようがほっきよう》、御室《おむろ》の御前にて、「自門・他門多くの学生に会ひ侍《はべ》りつれども、この上人かやうに物申す僧こそ侍らね」と称美し申しけるを、聞こし召されて、御室より上人を招請せられ、天台宗を学せらるべきよし仰せられければ、天台宗は昔は形《かた》のごとく伝受し侍りしかども、いまは但念仏《たんねんぶつ》になりて、天台宗は廃忘《はいもう》し侍る上、山門には澄憲《ちようけん》、三井には道顕《どうけん》など申す名匠たち侍り。かの人々に召し問はるべきか、おのづから返り聞き侍らんも、そのはばかり侍る由を申し給ひしかば、「みな承《うけたまわ》り置きたる事なり。色代《しきたい》その詮《せん》侍らず」とて、重ねてしきりに仰せられけれども、なを固く辞退し申し給へば、「念仏の事を学せらるべし。そのついでに少々談義侍るべし」など仰せられけれども、自然に延引して、日月を送られけるに、後白河法皇最後の御時、上人、御善知識に召されてまいり給ひける時、御室も御参会ありけるに、そのこと仰せられ出《い》だして、「この間住京のついでに素懐をとげばや。いかが侍るべき」と仰せられければ、「かやうの折節は物忩《ぶつそう》にも侍り。またきと召さるる事も侍らん時は、中間《ちゆうげん》に物申さじ侍らん事もあしく侍れば、しづかに参上つかまつるべし」とて、そのついでも空《むな》しく止《や》みにき。その後いくほどなくて、御室も失せさせ給ひにしかば、つゐにその節をとげられずといへども、懇切の御志《こころざし》をつくされしも、上人、諸宗に達し給へる故なりき。(四巻六段)

上人が諸宗の教学に深く通じたことは、世人も噂《うわさ》したが、慶雅が御室(仁和寺《にんなじ》の守覚《しゆかく》法親王)の前で「これまで多くの学者に会ってきたが、法然のようによく弁の立つ僧はいない」と称賛した。これを聞いた守覚法親王は、上人を招いて天台を学びたいと思い、その旨を伝えた。法然は「天台宗は以前に一通り学んだが、今は但念仏(ただ念仏だけで往生を願う)の行者になり、天台の学問は忘れてしまった。それよりも延暦寺の澄憲や園城寺《おんじよう》の道顕という錚々《そうそう》たる学匠を招くべきである。法然ごときが進講したとわかれば、差し障りが出るだろう」と辞退した。法然ところが、守覚法親王は「それは百も承知で、遠慮には及ばない」と、重ねて要請した。法然はなお固辞したが、守覚法親王からは、念仏のことを談義したいとの申し入れがあった。しかし、それもなんとなく延引した。後白河法皇の臨終に際して、法然は善知識(看取りの僧)に召された。法皇の皇子である守覚法親王もその場に居合わせた。法親王は「当分は在京するので、かねてからの望みを遂げたい」と、談義のことを申し入れた。しかし、法然は「法皇が病気で、世間が騒がしく、また御所へ召された場合には、途中で談義をやめるのもどうかと思う。いずれ落ち着いたら御室に参上したい」と答えた。その後、まもなく守覚法親王が亡くなり、二人の法談は実現しなかったが、守覚法親王が懇意を尽くしたのも、上人が諸宗の教えに通じていたからだ。

法然の伝記に、仁和寺の法親王が断片的ながら登場する。ここは、第一章の「華厳の学匠を訪ねる」（四二頁～）の後日譚に当たる。『伝法絵』（巻二）に「仁和寺の法親王より御師徳のよしにめさるといへども、隠遁の身におそれて祗候《しこう》にあたはず」とあるのが原拠であろう。もう一箇所は、同じく第一章の「清水寺阿弥陀堂の常行念仏」（七四頁～）に続いて、

そもそも清水寺の霊像は、極楽浄土には一生補処《ふしょ》の薩埵《さった》、娑婆穢国《しゃばえこく》には施無畏者《せむいしゃ》の大士《だいじ》なり。仁和寺入道親王の御夢想に、観音みづから宣《のたま》はく、「清水寺の滝は、過去にもこれあり、現世にもこれあり、未来にも又《また》これあるべし。これ即《すなわ》ち大日如来の鑁字《ばんじ》の智水なり」とて、一首を詠じ給ふ。

清水の滝へ参れば自《おの》づから　現世安穏・往生極楽

と示し給ひければ、大威儀師俊縁を御使《つかい》として、寺家へ仰せ送られけるとかや。（十三巻三段）

法然と会う守覚法親王（4巻6図）

という記事だ。法然の伝記に、清水寺の観音と滝に関する霊験譚を挿入するのはどうかと思われるが、法親王の夢告と詠歌は、すでに『伝法絵』と『琳阿本』にみえる。使者の「大威儀師」は仁和寺の寺務を執行する僧のことで、法親王から清水寺にいた法然に宛てた書状が存在したと考えてよかろう。

『伝法絵』の総結として、上人の「徳行」があらわで、諸宗に優れている点として列挙する中に、「仁和寺法親王、御帰依尤《もっとも》ふかし」と特筆している。この法親王とは誰か。実名を記さないが、法然の生涯に重なる時期に仁和寺に入った法親王で、最もふさわしいのは、「喜多院《きたいん》御室」すなわち守覚法親王だ。この法親王は後白河法皇の第二皇子で、嘉応元年（一一六九）から建久九年（一一九八）まで仁和寺の寺務をとり、建仁二年（一二〇二）に五十三歳で亡くなっている。真言宗の教学に詳しく、仁和寺の密教の流派を大成し、仁和寺御流の中興の祖と仰がれている。和歌もよくし、歌集を残している。

守覚法親王の同母妹に式子《しきし》内親王がいる。斎院（賀茂神社に奉仕する未婚の皇女）に勤仕し、和歌も多く詠んでいる。法然に帰依し、出家して聖如房《しょうにょぼう》（承如法）と号した。法然は、重病の聖如房に長文の手紙を送っているが、その文面には聖如房を思いやる感情があふれている（『行状絵図』巻十九）。式子内親王が法然に帰依したのは、兄の守覚法親王の仲介ではなかろうか。守覚法親王と式子内親王の兄妹は、法然にとって生涯忘れえぬ人びとであったに違いない。

『行状絵図』（巻五）に「建仁二年九月十九日談義のとき、上人語りて宣《のたま》はく」と始まる法語を収める。先に年月日を明記する法語はまれだといったが、この法語は浄土教とまったく関係がない。弘法大師の『十住心論』を法然が批判したところ、法然の夢に大師があらわれて、法然の指摘した点は正しいと告げられた、という趣旨の話である。その夢は二十年以上も前に見た夢というから、建仁二年（一二〇二）の九月十九日に談義した時の追憶である。話の中に「御室も多聞広学を好み、御沙汰あるかと覚ゆるなり」と出てくること、九月十九日は守覚法親王が死亡して一カ月にも満たないことなどから、法然が守覚法親王の死を悼《いた》んで語ったと考えられる。法親王は法然の学識を最も高く評価し、法然もまた法親王を尊敬していた。

関白の九条兼実

殿下の御帰依あさからずして、上人参り給ふごとに、殿下降りむかはせ給へば、公卿・殿上人の降りさはがるる事を、上人うるさき事に思ひ給ひて、九条殿へ参り給はざらむために、房籠《ぼうごも》りとて別請《べっしょう》におもむき給はず。いづかたへも歩《あり》き給はざりけり。殿下しきりに御歎きありて、「たとひ房籠りなりとも、身に違例などの侍らむ時は、来たまひなんや」と仰せられければ、「さやう御時は、子細におよび侍らず」と申されければ、せめても請じ申されむとては、つねに御違例とぞ号せられける。この上は辞し申すに所なくして、参り給ひけるを見て、門弟正行房《しょうぎょうぼう》心中に、「あはれ房籠りとて、余の所へはましまさずして、九条殿へのみ参り給ふ事、しかしながら檀越《だんおつ》をへつらひ給ふとこそ、人はそしり申さむずれ。しかるべからぬ業《わざ》かな」と思ひて寝たる夢に、上人「汝《なんじ》はわが九条殿へ参る事を、そしり思ふな」と仰せらるるに、「いかでか、さる事候ふべき」と申せば、「汝はさ思ふなり。九条殿と我とは先生《せんじょう》に因縁あり。余人に准ずべからず。宿習《しゅくしゅう》かぎりある事をしらずして、謗《ぼう》ずる心をおこさば、定めて罪を得べきなり」と仰せらると見る。さめて後、上人にこの由を語り申しければ、「さてさぞかし、先生に因縁ある事なり」とぞ宣《のたま》ひける。（十一巻五段）

殿下、ひとへに念仏門に入り給ひにし後は、浮生《ふしょう》の栄耀《えよう》を軽《かろ》くして、往生浄土の御いとなみ、他事なかりき。つゐに建仁《けんにん》二年正月廿《にじゅう》八日、月輪殿《つきのわ》にして御素懐法名円証をとげらる。上人を和尚として円戒を受持し、御帰依ますます深かりけり。（十一巻六段）

禅定《ぜんじょう》殿下は忠仁公《ちゅうじんこう》十一代の後胤《こういん》、累代摂籙《せつろく》の臣として、朝家《ちょうか》の憲政、詩歌の才幹、君これを許し、世これを仰ぎたてまつる。栄華《えいが》重職の豪家に遊び給ふといへども、ひとへに順次往生の御のぞみ深かりけり。御出家の後は、数年上人を屈して、出離の要道をたづね、浄土の法門を談じ給ふ。上人の頭光をまのあたり拝見し給ひし後は、一向に生身《しょうじん》の仏の思ひをなし給ひき。しかるを許らざるに勅勘《ちょっかん》を被《かぶ》り給ふ由を聞こし召すより、御なげき等閑《なおざり》ならず。去年建永《けんえい》元年三月七日、後の京極殿、にはかに隠れさせ給ひき。御年わづかに三十八にぞなり給ひける。これにつきて、いよいよ今生《こんじょう》の事をおぼしめし捨てて、ひとすぢに後生菩提《ごしょうぼだい》の御いとなみなり。上人につねに御対面ありて、生死《しょうじ》無常の理《ことわり》をも聞こし召され、往生浄土の御つとめ功を重ねつつ、いささか御心をもなぐさみ給ひけるに、上人左遷の罪に当たり給ひぬる事、いかなる宿業にてかかる事を見聞《みき》くらんとて、勅勘を被り給へる上人は、御歎きいとなかりけるに、禅閤《ぜんごう》の御悲しみ浅からざりけり。（三十三巻四段）

上人左遷の後、月輪の禅閤、朝暮の御なげき浅からず。日来《ひごろ》の御不食いよいよ重《おも》らせ給ひて、大《だい》漸《ぜん》の期《ご》ちかづかせ給ふ。藤《とう》中納言光親卿《みつちかきょう》を召して仰せ置かれけるは、「法然上人、年来《としごろ》帰依のいたり、定めて存知あるらん。今度の勅勘を申し許さずして、謫所《たくしょ》へうつられぬる事、生きて世にある甲斐《かい》なきに似たり。しかれども厳旨ゆるからず、左右《そう》なく申さむ事、おそれ覚ゆる故に、後日を期して過ぐる所に、すでに終焉にのぞめり。今生のうらみこの事にあり。われ他界におもむくといふとも、連々に御気色《みけしき》をうかがひて、恩免を申し行なはるべし」とかき口説《くど》き仰せられければ、光親卿、仰せの旨さらに如在《にょざい》を存ずべからざるよし申して、涙を流されけり。同四月五日、御臨終正念にして、念仏数十遍、禅定に入《い》るがごとくして、往生をとげさせ給ひぬ。御年五十八なり。上人左遷の後、いくほどなくてこの御事聞こへけり。御あはれ推《お》し量るべし。(三十五巻三段)

殿下(九条兼実《かねざね》)は上人に深く帰依していたので、上人の来訪ごとに庭に降りて迎えた。同席の公卿たちも競って降りて出迎えるのを、上人は煩わしく思い、兼実の邸宅に赴かないように、房籠り(草庵から外に出ない)と称して、特別の招請も受けず、どこへも出かけなかった。兼実はたとえ房籠りであっても、病気のときには是非とも来訪してほしいと頼み、上人はそのようなときなら訪ねると答えた。兼実はなんとか招待しようと考え、いつも病気を理由に上人を招いた。拒みきれない上人の態度を見た弟子の正行房は、房籠りと称して他所へ赴かないのに、兼実の邸宅だけ行くのは、檀越に媚《こ》びることだと世の人から非難されるだろう、よくないことだ、と心中に思って寝た夜、夢に上人があらわれて、「私が兼実の邸宅へ行くことを誹《そし》るなかれ。兼実とは前世からの因縁がある。他の人と比べてはならない。前世からの習慣があることも知らないで、誹る心を起こせば、罪を得るだろう」と告げた。翌朝、上人に夢のことを話すと、上人は「そうだ。兼実とは前世での縁があるのだ」といった。

兼実が念仏の信仰に入ってから後は、現世での栄耀を求めず、浄土に往生するための勤めに余念がなかった。ついに建仁二年（一二〇二）正月二十八日、月輪殿で出家の本望を遂げた（法名は円証）。上人を戒師として受戒し、上人への帰依が深まった。

兼実は藤原良房の十一代目の子孫で、摂政・関白の重職を継ぐ臣下であり、朝廷の政治と詩歌の才能にすぐれ、天皇も認め、世人も尊敬する人物である。富貴と権勢を極める生活だったが、来世には浄土へ往生したいと望んでいた。出家からの数年間、上人を招いて浄土の法門を談じ合った。上人の「頭光踏蓮《ずこうとうれん》」（第一章六五頁〜）の霊瑞を感見してより以来、上人を仏の化身のように崇《あが》めた。ところが、思いかけず上人が後鳥羽上皇の勘気を被ったことを聞き、その嘆きは尋常ではなかった。しかも、去る建永元年（一二〇六）の三月七日に、次男である摂政の九条良経《よしつね》が三十八歳で急逝した。こうした人の世のはかなさを見るにつけ、今生の思いを捨て、後生の救いを求めた。上人と常に対面し、浄土へ往生するための行ないに励み、心を慰めていたところ、上人が流罪になる事態に接して、当の上人はさほど嘆いていないのに、兼実はいたく悲しんだ。

上人が流罪になってから、兼実は朝夕に嘆き暮らした。日ごろの食欲不振が一層ひどくなり、臨終のときが近づいた。中納言の藤原光親を召して、「私が法然を長年にわたり帰依していることは、お前も知っているだろう。今度の上皇の怒りを宥《なだ》めることができず、上人を流罪地へ赴かせたとあらば、私は生きている甲斐がない。しかしながら、上皇の厳命は緩くなるはずがないので、とかくいうのは畏れ多く、後日を期していた。ところが早くも臨終にいたった。私が死んでも、引き続き上人の赦免を願い出てほしい」と口説いた。光親は兼実の遺言を忘れないと申しあげ、涙を流した。同年（承元《じょうげん》元年・一二〇七）四月五日に、兼実は心乱さずに念仏数十遍を唱え、安らかに往生を遂げた。上人は配所に着いて間もなく、兼実が薨去《こうきょ》したと聞いたが、その嘆きは想像に難くない。

九条兼実は法然にとって最大の外護《げご》者であったので、法然伝にしばしば登場するが、『行状絵図』における頻度は他伝を圧倒している。ここに引用した法然と兼実の情味豊かな関係を物語る『行状絵図』の記事は、いずれも「伝法絵」系の絵伝に見えないから、舜昌が独自に渉猟した文献に依拠したものと考えられる。

兼実は久安五年（一一四九）、摂関家の嫡流である藤原忠通《ただみち》の三男に生まれた。長兄の基実《もとざね》、次兄の基房《もとふさ》に続いて、長ずるに従って政界での地歩を固め、仁安元年（一一六六）に右大臣となった。平氏政権の下では批判的な態度をとったが、鎌倉幕府の覇権が確立すると、源頼朝の推挙によって、文治二年（一一八六）に摂政、建久二年（一一九一）に関白に任ぜられた。兼実はようやく公家政権を担ったものの、幕府との協調路線に批判的な廷臣たちの中で孤立を深め、後白河上皇の側近であった土御門通親《つちみかどみちちか》の陰謀により、ついに「建久七年の政変」で失脚し、権勢の座から遠ざかった。次男の良経が建仁二年（一二〇二）摂政に任ぜられ、九条家の復権を期待したが、その良経が建永元年（一二〇六）に急逝するという不幸に見舞われて、失意の晩年であった。

ところで、法然と兼実の出会いは、兼実の日記『玉葉』によると、文治五年（一一八九）八月一日条に「今日、法然房の聖人を請じて、法文の語及び往生の業を談ず」（原漢文）とあるのが最初だ。この後、『玉葉』に法然の名が登場するが、たとえば同年八月八日条に「法然聖人来りて授（ママ）戒す。その後、念仏

出家する九条兼実（11巻6図）

を始む」、建久元年（一一九〇）七月二十三日条に「午刻、先に法然坊源空上人を請じて受戒す。次に恒例の念仏を始む」と、兼実は受戒するために法然を招いているように思える。兼実が法然を戒師としてしか見ず、法然が主唱した専修念仏をどの程度まで理解していたか疑問だとする意見がある。確かに受戒だけのときもあれば、しかし受戒後に念仏を始めているときもある。この念仏とは、『阿弥陀経』の所説による百万遍念仏で、兼実ひとりが修している。兼実は当代の貴族の雑信仰から脱しきれず、法然のように「雑行」を放棄したわけではないが、日記が欠落している晩年期には、法然の教説に従って専修念仏に傾倒したのではないか。

兼実の出家*と薨去について、弟の慈円は『愚管抄』（巻六）に、

サテ九条殿ハ、念仏ノ事ヲ法然上人ススメ申シヲバ信ジテ、ソレヲ戒師ニテ出家ナドセラレニシカバ、仲国ガ妻ノ事アサマシガリ、法然ガ事ナドナゲキテ、ソノ建永二年ノ四月五日、久《ひさし》ク病ニネテ起居モ心ニカナハズ、臨終ハヨクテウセニケリ、

と記す。法然の流罪を心痛し、赦免を望みながら薨去したという『行状絵図』の記事を傍証している。

＊出家の日付けを『行状絵図』は正月二十八日とするが、『明月記』や『猪隈関白記』によって二十七日が正しい。

法然の「九条殿と我とは先生《せんじょう》に因縁あり。余人に准ずべからず」という夢告を受けた正行房の名は『行状絵図』に一箇所しか出て来ないが、奈良市の興善寺の本尊阿弥陀如来像の胎内に、法然・証

空・欣西《ごんさい》・親蓮から正行房に宛てた書状が納入されていた。正行房は、法然とその直弟らに親しく書状を交わす関係にあったこと、手紙の紙背に書かれた結縁の交名《きょうみょう》(名前の列記)が千五百人を超し、多くの念仏衆を率いる立場にあったことが判明している。正行房は造像の当時、大和国で活躍しており、かの「七箇条制誡」(第一章八七頁～)にいう「予が門人念仏の上人等」の典型ではなかろうか。

東大寺大勧進の重源

かの時、大仏の上人俊乗房《しゅんじょうぼう》、また一つの意楽《いぎょう》を起こして、わが国の道俗、閻魔《えんま》王宮にひざまづきて、名字《みょうじ》を問はれん時、仏号を唱へしめむために、阿弥陀仏名を着くべしとて、みづから南無阿弥陀仏とぞ号せられける。これわが朝の阿弥陀仏名のはじめなり。(十四巻四段)

東大寺造営のために、大勧進《だいかんじん》の聖《ひじり》の沙汰《さた》侍《はべ》りけるに、上人その撰《せん》にあたり給ひにければ、右大弁行隆朝臣《ゆきたかあそん》を御使《つかい》にて、大勧進職《しき》たるべき由、法皇後白河の御気色《みけしき》ありけるに、上人申されけるは、山門の交衆《きょうしゅ》をのがれて、林泉の幽栖《ゆうせい》をしめ侍る事は、しづかに仏道を修し、ひとへに念仏を行ぜんがためなり。もし勧進の職に居せば、劇務万端にして、素意もはら背くべき由をかたく辞し申されけり。行隆朝臣その志《こころざし》の堅固なるを見て、事の由を奏しければ、もし門徒の中に器量の仁あらば挙し申すべき由、重ねて仰せ下されけるによりて、醍醐《だいご》の俊乗房重源《ちょうげん》を挙し申さる。

つゐに大勧進の職に補せられにけり。（三十巻四段）
上人の勧化《かんげ》にしたがひて、念仏を信仰のあまり、かの故山上《こざんかみ》の醍醐に無常臨時念仏を勧めて、末代の恒規《こうき》とし、そのほか七ケ所に不断念仏を興隆せられき。東大寺の念仏堂、高野山の新別所等これなり。その勤めいまに絶えずとなん承《うけたまわ》る。この聖、若年の昔、天狗にとられて、ある所へ御座《おわ》したりけるを、「これは行く末に大きなる利益《りやく》をなさむずる人なり、速やかに許すべし」と片方《かたえ》の天狗制し申しけるによりて、許されにけるよし申し伝へて侍り。その詞《ことば》たがはざりける、不思議の事なり。建久六年六月六日、東大寺にして終はりを取られにけるとなむ。（四十五巻三段）

大原談義のときに、東大寺大勧進の重源（俊乗房）が一つの願望を起こした。人びとが死んで閻魔王に名前を問われたとき、仏号を唱えさせるために、自分の名の下に阿弥陀仏と着けるのがよろしいと、自ら「南無阿弥陀仏」と号した。わが国の阿弥陀仏号の始まりである。

東大寺再建に当たる大勧進の人選が行なわれて、上人がその候補に上った。藤原行隆が後白河法皇の意向を伝えると、上人は「比叡山の僧衆との交わりを絶ち、東山の麓《ふもと》に閑居したのは、静かに仏道を修し、念仏に勤《いそ》しむためである。もし大勧進の職につけば、激務によって平素の意志を果たせなくなる」と固辞した。行隆は上人の気持ちが変わらないことを知り、その旨を上皇に奏上した。門弟でしかるべき人物がいれば推挙せよとの命令で、上人は醍醐にいた重源を推挙した。そこで、重源が大勧進に任ぜられた。

重源は、上人の教化に従って念仏を信仰し、もといた上の醍醐で無常臨時（人の死に臨むとき）の念仏を勧め、これを永く勤めるように定めた。ほかに東大寺の念仏堂、高野山の新別所など七箇所で不断念仏を興したが、それは今日まで続いているという。重源は若いころ、天狗に捕まり遠くに連れて行かれたが、傍らの天狗が「この子は将来人びとに大きな利益を与える人物だから、許してやれ」と差し止めたので、許されて帰ったと言い伝えている。その言葉通りになったのは不思議なことだ。建久六年（一一九五）六月六日、東大寺で遷化した。

重源が考案したという阿弥陀仏号について、大原談義（第一章七七頁～）に付記するかたちで言及するのは、『醍醐本』［一期物語］『源空私日記』『琳阿本』『古徳伝』などの諸伝に共通する。その中でも『源空私日記』は、顕真が発案して重源が実行したように記し、『法華経』の文字を人ごとに一字ずつ着けたとある。これは『伝法絵』（巻二）の、

抑《そもそも》この勧進、修乗房うけとり給《たまい》てのち、広《ひろく》十方施主をすすむるに、このしるしはかりがたし、いかがして奉加の得・不得を知《しる》べきの評定ありけるところに、法眼顕真云《ほうげんけんしんいわく》、一乗妙典は八軸の経王、文字のかず六万九千三百八十四字也《なり》。この文字を阿弥陀仏の上におきて、彼《かの》名号を檀那の

法然の推挙を受ける重源(30巻 4 図)

字《あざな》として、比丘《びく》・比丘尼《に》・優婆塞《うばそく》・うばいの四部の衆にくばりて、猶《なお》あまる字あらば、法花経何部也ともとてかへして、人々に結縁せしめて、九品三輩《くほんさんぱい》のともとや侍《はべる》べきよし、相議して其《その》名字を賦《ふす》ところ。

という記事の要約であろう（修乗房は俊乗房の誤り）。大仏勧進に奉加する人に、『法華経』の文字を取って着けた阿弥陀仏号を付与したという。阿弥陀仏号の使用例はこれ以前にもあるが、同時代の慈円が『愚管抄』（巻六）に、

大方《おおかた》東大寺ノ俊乗房ハ、阿弥陀ノ化身ト云《いう》コト出《いで》キテ、ワガ身ノ名ヲバ南無阿弥陀仏ト名ノリテ、万《よろず》ノ人ニ上ニ一字ヲキテ、空アミダ仏、法アミダ仏ナド云名ヲ付ケルヲ、誠ニヤガテ我《わが》名ニシタル尼法師ヲヲカリ。

と記し、重源の着想で流行したことを認めている。重源も自ら『南無阿弥陀仏作善《さぜん》集』の中で「阿弥陀仏の名を日本国の貴賤上下に付くる事、建仁二年にこれを始めて廿年《にじゅう》に成る」（原漢文）と書き、建仁二年（一二〇二）で二十年になるというから、寿永二年（一一八三）ごろから始まったと推察される。東大寺造営に奉加（結縁）する道俗に阿弥陀仏号を授けたとする『伝法絵』の記述は看過でき

ない。

さて、その東大寺大勧進の公卿僉議《せんぎ》が行なわれて、その選に当たった法然が固辞し、代わりに重源を推挙した、という筋書きは「伝法絵」系の諸伝に共通している。しかし、重源が再々の霊夢に感じて、造寺・造仏長官の藤原行隆に自薦し、行隆が重源の発心に感動したというのが実際のところであろう（『東大寺造立供養記』）。東大寺大勧進の任命に関して、なぜ最初に法然の名をあげたのか、法然伝作者の意図がわからない。

文治元年（一一八五）八月の仏舎利納入願文に、重源はその前半生について、初めは醍醐寺に住み、のちに高野山に住み、さらに各地の霊地名山を巡礼修行し、東は奥州まで赴き、西は鎮西まで行きて教化し、宋に渡って五台山に参詣し、そして帰国後は「都鄙に往還して、利生を以《もっ》て朝暮の行《おこ》なひとし、念仏を以て寤寐《ごび》の勤めとす」と述べている（原漢文・『東大寺続要録』供養篇）。ここに各地を遊行し、勧進する念仏聖としての重源の原像がうかがわれる。法然と重源の関係について、十二歳年長の重源を弟子呼ばわりするのは、どうであろうか。『行状絵図』には「俊乗房重源は、上の醍醐の禅徒にて、真言の薫修《くんじゅ》深かりけるが、上人の徳に帰して往生を願ひ、師資の礼を厚くせられけり」（巻四十五）とも記すが、しかし『伝法絵』のように「同行」というのが穏当である。

『南無阿弥陀仏作善集』によると、重源が作った別所は、東大寺別所・高野新別所・渡辺別所・播磨別所・備中別所・周防南無阿弥陀仏・伊賀別所の七箇所がある。重源が若いとき、天狗にさらわれた話の典拠は明らかでない。なお、重源の死去は建永元年（一二〇六）が正しく、『行状絵図』はなんらかの理由で誤ったものと思われる。

高野の明遍僧都

僧都《そうず》、上人所造の選択集《せんちゃくしゅう》を被覧して、この書の趣《おもむき》いささか偏執《へんしゅう》なる所ありけりと思ひて、寝られたる夜の夢に、天王寺の西門に病者、数も知らず悩みふせるを、一人の聖《ひじり》の鉢に粥《かゆ》を入れて、匙《さじ》をもちて病人の口ごとに入るるありけり。「誰人にかあらん」と問ふに、かたはらなる人答へて、「法然上人なり」といふと見てさめぬ。僧都思はく、「われ選択集を偏執の文なりと思ひつるを、いましめらるる夢なるべし。この上人は機をしり、時をしりたる聖にておはしけり。病人の様は、はじめには柑子《こうじ》・橘《たちばな》・梨子《なし》・柿などのたぐひを食すれども、後にはそれも止《とど》まりぬれば、わづかに重湯《おもゆ》をもちて喉《のど》を潤《うるお》すばかりに命を繋《か》く。この書に一向に念仏を勧められたる、これに違《たが》はず。五濁濫漫《ごじょくらんまん》の世には、仏法の利益《りやく》次第に減ず。このごろは余りに代《よ》くだりて、我等《われら》がありさま、たとへば重病の者のごとし。三論・法相《ほっそう》の柑子・橘も食はれず、真言・止観の梨子・柿も食はれねば、念仏三昧《ざんまい》の重湯にて、生死を出《い》づべきなりけり」とて、たちまちに顕密の諸行を差し置きて、専修《せんじゅ》念仏の門に入り、その名を空阿弥陀仏とぞ号せられける。（十六巻二段）

上人、天王寺におはしける時、僧都、善光寺参詣の事ありけるが、たづね参らせられて、まづ使《つかい》にて案内《あない》し給ふに、上人、客殿に出でまうけて、これへと仰せらる。僧都さしいりて、いまだ居直らねほどに、「このたびいかがして、生死を離れ候《そうら》ふべき」と申されければ、「南無阿弥陀仏と唱へて、往生を遂ぐるにはしかずとこそ存じ候へ」と申されければ、僧都申さるるやう、「誰もさは見及びて侍り。ただし念仏の時、心の散乱し、妄念の起こり候ふをば、いかがし候ふべき」と。上人宣《のたま》はく、「欲界の散地《さんじ》に生をうくる者、心あに散乱せざらんや。煩悩具足の凡夫、いかでか妄念をとどむべき。その条は源空も力及び候はず、心は散り乱れ、妄念は競《きお》ひ起こるといへども、口に名号を唱へば、弥陀の願力に乗じて決定《けつじょう》往生すべし」と申されければ、「これ承《うけたまわ》り候はむために、参りて候ひつるなり」とて、僧都やがて退出し給ひにければ、初対面の人、一言も世間の礼儀の詞《ことば》なくして、退出せられぬる事よとて、人々尊び合ひけり。上人うちへ入り給ひて、「心をしづめ、妄念起こさずして、念仏せんと思はむは、生まれつきの目鼻を取りはなちて、念仏せんと思はんがごとし。あな事々《ことごと》し」とぞ仰せられける。（十六巻三段）

僧都（明遍）が法然の著作『選択集』を読み、少しばかり偏った見解のところがあると思って、寝た夜の夢に、四天王寺の西門に無数の病人が臥せており、一人の高僧が鉢に粥を入れて、匙で病人の口に与えていた。あの僧はだれかと尋ねると、傍らの人が法然だと答えたかと思うと、夢がさめた。そこで、明遍は夢の示すところを考える。――私が『選択集』を偏執の書だと思ったことを戒めた夢であろう。法然は人の資質を知り、時代の特質をよく考えている高僧である。病人の容体が軽ければ、蜜柑《みかん》・夏蜜柑・梨・柿などを食べるが、病状が進むとそれらも食べられず、わずかに重湯で喉を潤して、命をつなぐだけだ。『選択集』の中にひたすら念仏を勧めているのは、これと同じことだ。末法の世には諸悪がはびこり、仏教の力も衰えるので、現今のわれらのありさまは、この重病人のようであって、三論・法相という蜜柑・夏蜜柑も、真言・天台という梨・柿も食われないとなれば、念仏という重湯でしか迷いの世界から逃れられない――。明遍は、ただちに顕教・密教の修行を捨てて、専修念仏に帰依し、空阿弥陀仏と号した。

上人が四天王寺に滞在していたとき、明遍は善光寺参詣のついでに、上人を訪ねてきた。先に連絡をしておいたので、上人が客殿で待ち受けた。明遍は居ずまいも正さずに、「どうすれば迷いの世界から逃れることができるか」と尋ねた。上人は「南無阿弥陀仏と唱えて往生する以外に方法はない」と答えると、明遍は「だれでもそう考えているが、念仏のときに心が散り乱れ、妄念が起こるのをどう防げばよいのか」と聞き返した。そこで、上人が「欲望の世界に生まれた者が心を散乱させずにいられようか。煩悩にとらわれた愚かな人間に妄念を抑えることはできないもので、私でさえどうにもならない。心が散り乱れ、妄念が起こっても、念仏を唱えていれば、阿弥陀仏の本願の力によって必ず往生できる」と答えると、明遍は「このことを聞くために訪ねてきた」と言い、すぐさま退出した。その場にいた人たちは、初対面の人が世間並みの挨拶もせずに退出したことに感心し合った。上人は奥の部屋に戻り、「心静かに妄念を起こさず念仏しようと思うのは、生まれつきの目鼻を取り去って念仏せよというようなものだ。なんと大仰なことか」と語った。

高野山の明遍僧都も、法然伝に少なからず登場する。第一章でとりあげた大原談義に参会したこと、「三昧発得の記」を披読したことに加えて、『選択集』披覧後の夢、法然との法談、日課念仏百万遍への批判、法然の遺骨の捧持などで、ここでは他伝にも見える『選択集』披覧後の夢、法然との法談に関して解説したい。

『行状絵図』は第十六巻を明遍の事績に当てている。貞応《じょうおう》三年（一二二四）六月十六日に八十三歳で死去したので、康治《こうじ》元年（一一四二）に生まれ、法然より九つ若い。院政期の権臣であった藤原道《みち》憲《のり》の子にして、兄弟には安居院《あぐい》の澄憲《ちょうけん》など名僧が多い。東大寺別当の敏覚《びんがく》の弟子となり、三論を学んだ。『行状絵図』は治承二年（一一七八）三十七歳で山城の光明山寺《こうみょうせんじ》に隠遁し、建久六年（一一九五）五十四歳で高野山に籠居したと伝えるが、異説もある。*

*『明義《みょうぎ》進行集《しんぎょうしゅう》』（巻二）には五十有余で光明山に籠居し、五年後に高野山に籠居したという。高野山へ

の籠居は五十半ばと見られる。

ところで、明遍が浄土教に傾倒していくのは、光明山寺の時代と思われるが、法然との交友はいつから始まったのか、法然伝は明らかにしない。明遍が『選択集』を手に取って読んだのは、同書が執筆された建久九年（一一九八）より以後のことである。明遍は「論議決択の道、日本第一の誉れありき」と称賛され、宗論において「敵の剣《つるぎ》を取りて敵を害す」と評せられた論客であり、「凡そ立破の道は、まづ所破の義をよくよく心得てこそ破する習ひ」と公言していた（『行状絵図』巻四十）。このような明遍であったからこそ、いったんは偏執の難ありと断じたものの、かえって理論的に確立された法然の教えを信奉するようになったと思われる。この転向を物語るのが、『選択集』を偏執の書と思って寝た夜の夢が聖示となり、法然の口称念仏が時機相応の教えであることを悟ったという話である。

その夢の話は、『琳阿本』と『古徳伝』に出ているが、文章表現の類似から、『行状絵図』が主に『琳阿本』を参照していることは明らかだ。若干の相違点は、「うきうき」という俗語を「重湯」と書き換え、明遍が夢を見た後に「上人に参《まいり》て懺悔し、専修念仏門に入給《いりたまい》にけり」とあるのを、「たちまちに顕密の諸行を差し置きて、専修念仏の門に入り、その名を空阿弥陀仏とぞ号せられける」と改めたことである。

次の明遍と法然の法談の話は、「伝法絵」系の諸伝に見えるが、祖本の『伝法絵』にはない。『伝法

明遍の夢の法然と病人(16巻2図)

絵』が制作された嘉禎三年（一二三七）より以降、世に知られるにいたったと考えられる。散心念仏の問答ともいうべきこの法談は、法然の孫弟子の信瑞が著わした『明義進行集』に詳しく出てくる。「伝法絵」系の諸伝はこの『明義進行集』を原拠に記事をなしたようで、内容的に大同小異だ。しかし、法談の場所を『行状絵図』は「天王寺におはしける時」、『琳阿本』は「小松殿の坊」とする。『明義進行集』に「コマツドノニオハスルトコロニ」とあり、後者が正しい。なお、この法談のことは、『一言芳談』にも収められている。

さて、『法然聖人絵』（弘願本）に、

常州《じょうしゅう》の敬仏房《きょうぶつぼう》まいり給へりけるに、上人問云《といていわく》、何処《いずこ》の修行者ぞ。答申云《こたえもうして》、高野よりまいりて候。又《また》問云、空阿弥陀仏はおはするか。答、さ候。其《その》時被仰《おおせられて》云、なにゆへに是《ここ》へは来《き》給へるぞ。只《ただ》それにこそおはせめ。源空は明遍の故にこそ念仏者にはなりたれ。我も一代聖教《しょうぎょう》の中よりは、念仏にてぞ生死ははなるべきと見さだめてあれども、凡夫なればなをおぼつかなきに、僧都の一向念仏者にておはすれば、同心なりけりと思《おもう》故に、うちかためて念仏者にては

あるなり。(巻二)

とある記事は興味深い。明遍の弟子の敬仏房が訪ねてきたときに、法然がいった「源空は明遍の故にこそ念仏者にはなりたれ」という言葉は、明遍の兄である円照(遊蓮房)を追憶して法然が語った「浄土の法門と、遊蓮房とに会へるこそ、人界に生を受けたる思ひ出にては侍れ」(『行状絵図』巻四十四)という言葉と取り違えて、『法然聖人絵』(弘願本)に引かれたとも考えられる。しかし、法然の遊蓮房との出会いは前半生、明遍との出会いは後半生で、時期が異なっている。この敬仏房への言葉は、念仏のことは法然に教えを請わずとも、「一向念仏者」の明遍に尋ねよとの指示を込め、明遍を「同心」と思う法然の謙遜の意をあらわすものではないか。

天台座主の顕真

法印、道心うちに催して、出離の要路を求められけるに、上人の諷諫《ふうかん》を得《え》給ひて後は、たちどころに余行を差し置きて、一向専修の行者となり給ひにければ、自身の出離ひとへに念仏往生を期《ご》し給ふのみにあらず。剰《あまさ》へまた他人を勧められき。姨《おば》の禅尼を勧めむために、念仏勧進の消息をつかはさる。世間に流布《るふ》して顕真の消息と号す、これなり。(十四巻三段)

法印、一つの大願を立てて言はく、「この寺に五坊を建てて、一向称名を相続して、余行を交へ勤めじ」と。その願むなしからず。つゐに文治三年十月に果たされにけり。池上《いけがみ》の阿闍梨皇慶《あじゃりこうけい》の旧跡、乙護法《おとごほう》守護の霊地に五坊をたて、楞厳院《りょうごんいん》安楽の谷をうつして新安楽と号し、性智房《しょうちぼう》・鏡智房・妙智房・仏智房・勝智房とぞ付けられける。その行法、いまに退転せずとなむ。（十四巻四段）

その後、三千の衆徒《しゅと》をして挙げ申すによりて、文治六年三月七日、天台座主《ざす》に補せらるといへども、かたく辞し申し給ひしを、勅使大原へ向かひて、宣命《せんみょう》を下して座主職《しき》を授けらる。つゐに召し出されて、同五月廿《にじゅう》四日、最勝講《さいしょうこう》の証義をつとめ、同廿八日、権僧正《ごんそうじょう》に拝任す。治山《ちざん》三ケ年の間、内論義《うちろんぎ》二ケ度、寂光大師の御廟《ごびょう》の番《ばん》論義、伝教《でんぎょう》大師の御廟浄土院の番論義などとりおこなはれ、もはら吾山《わがやま》の仏法の絶えたるを継ぎ、廃《すた》れたるを興されしかども、かたはらには、なを称名の行業《ぎょうごう》おこたらずして、法華堂の初夜の行法には、高声《こうしょう》念仏千反《ぺん》を加へ修せられき。その行、いまに退転なし。日来《ひごろ》の腫物《はれもの》のいたはり、にはかに増気して、浄土院の番論義の夜、建久三年十一月十四日寅《とら》の刻、東塔円融《えんゆう》房にして、正念たがはず念仏相続し、往生の素懐をとげ給ひき。遺言の旨ありければ、則《すなわ》ち大原に送りたてまつりぬ。近古の高僧、山門の英傑なり。しかしながら、上人の訓導によりて、出要を思ひ定められき。（十四巻五段）

顕真法印は、迷いの世界から出離する道を求めていたので、上人の教示を得てからは即座に余行を捨て、専ら念仏を修する身となった。自分が往生を望むだけでなく、多くの他人にまで勧めた。おばの尼に念仏を勧める手紙を送った。これが世に広まり、「顕真の消息」と称するものだ。

顕真は、この勝林院に五坊を設けて、称名念仏だけを勤めるという大願を起こした。それは文治三年（一一八七）十月に成就した。池上の阿闍梨と呼ばれた皇慶の旧跡で、乙護法（童形の鬼神）が守護する霊地に、性智房・鏡智房・妙智房・仏智房・勝智房の五房を建て、比叡山横川《よかわ》の安楽谷をまねて、新安楽と名づけた。

その後、延暦寺の衆徒に推挙されて、文治六年（一一九〇）三月七日、天台座主に任命されたが、顕真は固く辞退した。しかし、勅使が大原まで赴いて勅命を宣下《せんげ》したので、ついに受諾した。同年五月二十四日には宮中の最勝講の証義（問答の可否を判定する役）を勤め、二十八日には権僧正に叙せられた。座主の任にあった三年間に、内論議（天皇の前で行なう議論）を二回も勤め、寂光大師（円澄）の御廟での番論議（一番《ひとつがい》ずつの組み合わせで議論する）、伝教大師（最澄）の御廟（浄土院）での番論議などを行ない、延暦寺における廃絶した仏事を再興した。その一方で、称名の勤めを怠らず、三昧法華堂での初夜（午後七時から九時）の勤行に、高声念仏千遍を唱えることを加えた。顕真は、日ごろの腫れ物が急に悪化し、浄土院の番論議の夜、建久三年（一一九二）十一月十四日の午前四時ごろ、円融房において心を乱さず念仏を唱え、往生の望みを果たした。遺言によって、遺骸は大原に運ばれた。顕真は近来まれに見る高僧、延暦寺の傑物であるが、上人の導きによって出離の道を得た。

大原談義（第一章七七頁～）の後日譚である。『行状絵図』は巻十四を大原談義と顕真のことに当てている。『天台座主記』によると、顕真は六十二歳で死去しているので、天承元年（一一三一）の生まれとなり、法然より二つ年上である。承安三年（一一七三）に官職を辞退して大原に籠居した。その後、寿永二年（一一八三）に法印に叙せられたが、門を閉じて事に従わなかったという。これは『行状絵図』の言葉を借りれば、「出離の道たやすからざる事を嘆きて、名利《みょうり》の学道をのがれ」るためであった。しかし、「決定《けつじょう》出離の直路、思案いまだ一決せず」、比叡山の法華三昧堂の堂衆に欠員が生じれば、その中に加わることを望み、思想的に確定していない。

同門の縁をもって永弁と「出離の道を語り合はせ」る中で、法然との対面が実現した。大原談義の前段となる西坂本における問答である。大原談義を契機に顕真が念仏門に傾いたことは、九条兼実が天台座主に決定した顕真を指して、「顕真、遁世して年久しく、偏《ひとえ》に念仏の一門に入り、真言の万行を棄《す》つ。三千の貫主、更に希望無きの由、起請を書く事、数度なり」といっていることからも明らかだ。座主に弟の慈円を推していた兼実は、顕真を「爰《ここ》に知る、外は上人の翔《つつし》みを表はし、内は貫主の望み有り」と酷評する（以上原漢文・『玉葉』文治六年三月六日条）。権勢への欲望を秘めた偽《にせ》隠遁だと

顕真の建立した五坊（14巻4図）

いうのである。

大原に隠遁し、念仏に帰した顕真が座主に就いたことをどう見るか。法然伝の作者は好意的で、一貫して念仏者に描こうとしている。「顕真の消息」のこと、勝林院の五坊建立のことは、早くも『醍醐本』［一期物語］にあらわれ、『琳阿本』に継承されていく。浄土宗の第二祖・弁長の『末代念仏授手印』に、「日本国の同時の西方の行人先達」として顕真・明遍・法然の三人をあげ、三人は同世代の学者で、ともに善導の教義に帰したとある。

顕真が天台座主になり、死去にいたるまでの伝記記事は、『伝法絵』（巻二）に「如此《かくのごとく》して後、顕真召出《めし》されて、天台座主に補し、僧正に任じ給《たまう》。末代高僧、本山の賢哲也《なり》」と簡潔にあるだけだ。だが『行状絵図』は人物評を「近古の高僧、山門の英傑なり」と書き換えた以外は、先行の絵伝によらず、『天台座主記』のような天台宗の古記録を用いたと考えられる。延暦寺を「吾山」と表現している辺りは、舜昌の天台宗に対する帰属意識のあらわれであろうか。

園城寺長吏の公胤

一向専修《せんじゅ》の義を破する人多かりし中に、園城寺《おんじょうじ》の長吏《ちょうり》、大弐《だいに》の僧正公胤《こういん》、いまだ大僧都《だいそうず》なりし時、上人を誹謗《ひぼう》して、「公胤が見たらん文を法然房の見ぬはありとも、法然房の見たるらん事の公胤が見ぬは、よもあらじ」と自嘆して、浄土決疑抄《じょうどけつぎしょう》三巻を記して、選択集《せんちゃくしゅう》を破す。則《すなわ》ち学仏房を使者として、上人の室に送らるる時、上人、かの使ひに向かひて、これをひらき見たまふに、上巻のはじめに、「法華に即往安楽《そくおうあんらく》の文あり。観経《かんぎょう》に読誦大乗《どくじゅだいじょう》の句あり。読誦、極楽に往生するに、何のさまたげかあらん。しかるに読誦大乗の業《ごう》を廃して、ただ念仏ばかりを付属すといふ。これ大きなる誤りなり」と言へり。この文を見たまひて、おはりを見ず、差し置きて宣《のたま》はく、「この僧都、これほどの人と思はざりつ。無下《むげ》の事なりけり。一宗を立つ時、かれは廃立《はいりゅう》の旨を存ずらんと思はるべし。しかるに法華をもて観経往生の行《ぎょう》に入れらるる事、宗義の廃立を忘るるに似たり。もしよき学生ならば、観経はこれ爾前《にぜん》の教へなり。かの中に法華を摂すべからず、とぞ難ぜらるべき。今の浄土宗の心は、観経前後の諸大乗経をとりて、皆ことごとく往生の行の中に摂す。なんぞ法華ひとり漏れんや。あまねく摂する心は、念仏に対してこれを廃せんためなり」と宣ひければ、使ひ帰りてこの由を語るに、僧都口をとぢて、言説なかりけり。（四十巻一

段）

惣《そう》じてかくのごときの誤りども、七ケ条まで直されたりしかば、僧都退出の後、弟子に語られけるは、「今日法然房に対面して、七ケ条の僻事《ひがごと》を直されたり。つねに見参せば、才覚はつき侍《はべ》りなん。立つる所の浄土の法門、聖意《しょうい》に違《い》すべからず。仰ぎて信ずべし。かの上人の義をそしる、これ大きなるとがなり」とて、則ち製作の決疑抄三巻を焼かれにけり。「まことに博覧の至り、ゆゆしかりけり」とぞほめ申されける。かの僧正は顕密の達者にて、智行兼備せり。称美の詞《ことば》、信を取るに足れるものなり。上人の中陰《ちゅういん》の唱導をのぞみつとめて、かさねて前非を懺悔《さんげ》せられき。ひとへに上人の勧化《かんげ》に帰し、念仏の行おこたりなくして、建保《けんぽう》四年閏《うるう》六月廿日《はつか》、春秋七十二、禅林寺のほとりにして往生をとげられしに、洛中洛外、紫雲を見、瑞相を聞きて、群集結縁の道俗、数をしらず。（四十巻一段）

専修念仏の教義を論難する人が多い中で、園城寺長吏の公胤（大弐の僧正という）がまだ大僧都であったとき、法然を誹謗して、「公胤が読んだ本を法然が見ないものはあっても、法然が見た本で公胤が読まないものはない」と自慢し、『浄土決疑抄』三巻を書いて『選択集』を論難した。学仏房を遣わして法然の庵室に送った。法然が使者の前でこの本を開いて見た。上巻の最初に「『妙法蓮華経』に《即ち安楽に往く》の文があり、『観無量寿経』に《大乗を読誦す》の句がある。読誦の行によって極楽に往生することに、なんの妨げがあろうか。《大乗を読誦す》を廃して、釈尊が阿難に念仏だけを付属したというのは、大きな誤りである」と書いてあった。法然はこの文章を読んで、最後まで目を通さず、「公胤がこれほど愚かな人とは思わなかった。一宗を立てるときに、権《ごん》（仮りの教え）を廃し、実《じつ》（真の教え）を立てることを知っているはずだ。『法華経』を『観経』の往生の行に含めることは、宗義の廃立を忘れているのも同然だ。公胤がもし優れた学者であるなら、『観経』は『法華経』より以前の時代に説かれた教えであるから、その往生の行に『法華経』を含めるべきでないと論難すべきであった。浄土宗の考えでは、『観経』の前後の大乗経典をすべて取り入れて、みな往生の行に摂取している。どうして『法華経』だけが漏れようか。諸経を摂取するのは、念仏以外の行を廃するためだ」と述べた。使者が帰ってこの旨を語ると、公胤は閉口してなにもいわなかった。

（宜秋門院《ぎしゅうもんいん》の戒師に召された法然は、参会した公胤と法門を談義し、公胤の誤読を正した）こうした誤りを七カ条も正されたので、公胤が御所を退出の後、「今日は法然と会い、七カ条の誤りを訂正された。いつも面談しておれば才覚がつこう。法然の立てた浄土宗の教えは、仏の意にかない、敬い信ずべきだ。法然の教義を謗《そし》ることは大罪である」と弟子に語り、自著の『浄土決疑抄』を焼き捨てた。そして法然の博覧を褒めたたえた。その公胤は顕教・密教ともに精通し、智恵も修行も兼ね備えていたので、法然を賞賛する言葉に真実味があった。法然の死後、中陰の導師を自ら望み、重ねて前非を悔いている。かくて上人の勧めに従って、念仏の勤めを怠らず、建保四年閏六月二十日、禅林寺のそばで往生した。時に七十二歳。紫雲がたなびいた瑞相を見聞し、洛中洛外の人たちが群がり集まって結縁した。

法然の専修念仏を初めは誹謗したが、のちには信奉したという代表格が園城寺長吏の公胤である。公胤は久安元年（一一四五）の生まれで、法然より十二歳若いが、ほぼ同時代に活躍したといえる。当時の仏教界を南都（東大寺・興福寺）と二分する北嶺の、延暦寺と並び称される園城寺の位置を考えて、延暦寺座主の顕真に匹敵する園城寺長吏の公胤も、法然を信奉したと描くことが伝記作者のねらいであったかも知れない。だが、まったくの捏造《ねつぞう》ではあるまい。公胤は、法然の晩年における理解者として位置づけられよう。

『行状絵図』は四十巻一段を公胤のことに当てるが、かなり長文になるので、一部省略した。「伝法絵」系の諸伝記で次第に記事が整えられた様子がわかる。まず『伝法絵』（巻四）は、法然の中陰七七日の仏事が「御導師　三井僧正公胤」であったことを述べた後、

僧正公胤念仏破文を作《つくり》て、種々難をもて上人を非し給《たまう》に、一々にくつがえして次第をのべ給に、条々会釈に返《かえり》て帰して、其《その》罪障懺悔のために、中陰の唱導を望《のぞむ》日、然《しかる》後はるかに五箇年をへて、建保四年丙子四月二十六日夜、夢に聖人告云《しょうにんつげていわく》、

往生之業中　一日六時刻　一心不乱念　功験最第一　六時称名者　往生必決定　雑善不決定
専修定善業　源空為孝養　公胤能説法　感語不可尽　臨終先迎接　源空本地身　大勢至菩薩
衆生為化故　来此界度々

同閏六月廿日、種々の瑞相をしめして、僧正公胤七十二禅林寺の砌《みぎり》にして、往生の儀式、紫雲はるかに孤射山《こしやざん》より槐門《かいもん》よりみえて、太上天皇、院使をつかはし、准后宮《じゆごうのみや》、土御門《つちみかど》の内大臣家より、かたがた車馬をとばして、花洛・辺土、人々耳目を驚《おどろか》し侍《はべ》りける。

と記す。それが次の『琳阿本』（巻八・九）になると、

僧正唱導をのぞみ給へる故は、上人所造の選択集を破せむがために、浄土決疑抄三巻をつくる。上人面謁の時、重々の問答に悉《ことごとく》くつがへされて、悔《くい》かなしみて、みづから焼すてて帰伏しぬ。猶《なお》々そのとがをかなしみて、没後の導師を勤《つとめ》られけり。

と、少し意味が通じる。建保四年の夢告については若干の文字の異同が見られるが、公胤往生の瑞相についても文章が流暢になっている。いずれも内容的に変わらない。『古徳伝』でも中陰の唱導を望んだ理由、建保四年の夢告、往生の瑞相などの記述は、基本的に『琳阿本』を踏襲するが、『浄土決疑抄』に対して法然が批判したことが詳しくなる。煩をいとわず引用しよう。

園城寺の碩学、法務大僧正公胤、選択集を破せんがために二巻の書を造《つくり》て、浄土決疑鈔《しよう》と題す。彼《かの》書にことに一向専修の義を難じて云《いわく》、法華に即往安楽の文あり。観経に読誦大乗の句あり。法

華を転読して極楽に往生せんに、なにの妨《さまたげ》かあらん。然《しかる》に読誦大乗を廃して、ただ念仏を附属すと云々。これ大なる謬《あやまりなり》也と。聖人《しようにん》これを披《ひらき》つつ、ここにいたりてみはてたまはず。閣《さしおき》て云、此《この》難非也。まづ難破の法、すべからく其《その》宗義を知《しり》て後に難ずべし。而今《しかるに》、浄土の宗義にくらくして僻難《へきなん》をいたさば、誰か敢《あえ》て破せられん。夫《それ》浄土宗の意は、観経前後の諸大乗経を取《とり》て、みなことごとく往生の行の内に摂入せり。其中になんぞ法華経ひとりもれんや。観経にあまねく摂入する意は、念仏に対して廃せんがためなりと。公胤これをつたへ聞《きき》て、唇を閉《とじ》てものいはず。

順徳院《じゅんとくいん》処胎の間、或《ある》時、公胤は加持のため、聖人は説戒のために、おなじく参ず。奉行人《ぶぎようにん》遅参によりて、事いまだをこなはれざる以前に、不慮に二人一処に参会して、しばしば浄土の法門を談じ、兼て諸事にわたる。

公胤、坊に帰《かえり》て後、弟子等に語《かたり》て云、今日法然房に対面して二の所得あり。一にはいまだきかざることをきく。二に

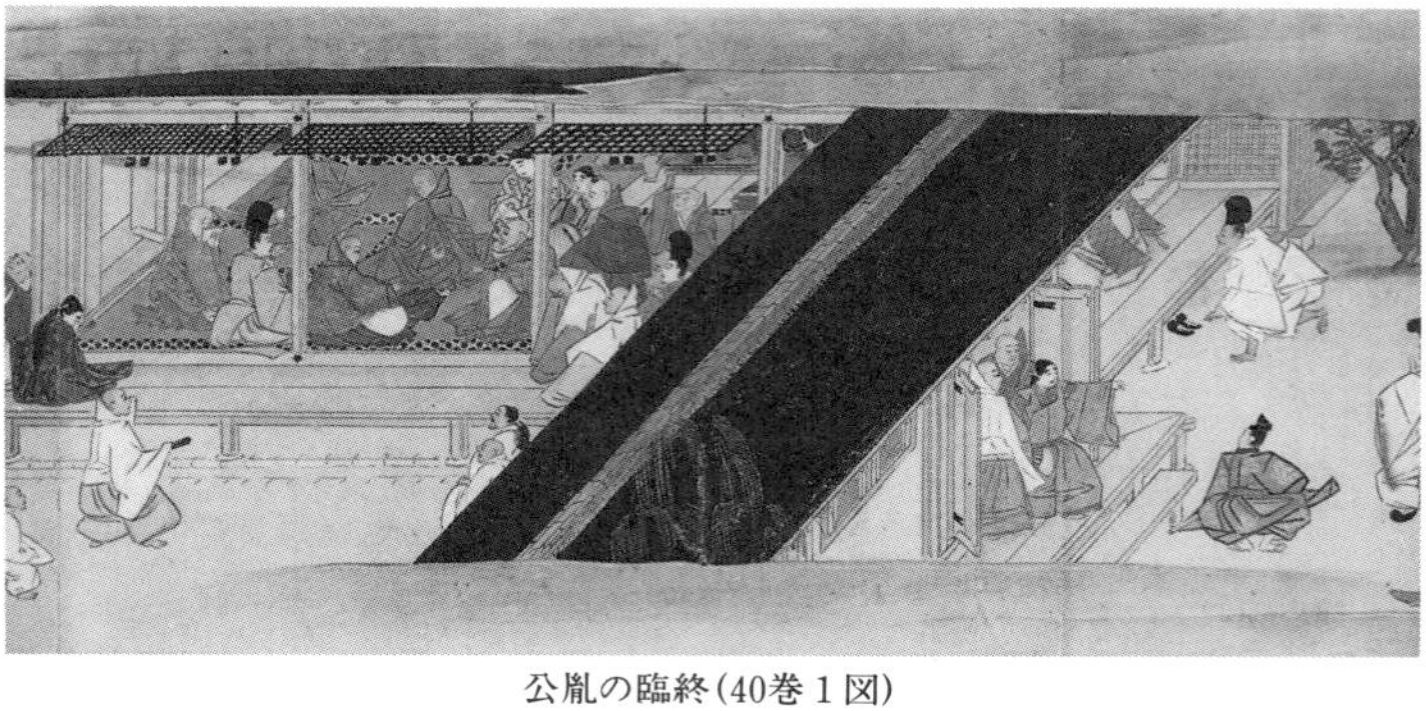

公胤の臨終(40巻1図)

はもとしれることのひがめるをあらたむ。実の宏才《こうさい》也けり。見立《みたて》たる所の浄土法門、聖意に違《い》すべからず。彼聖人の義をそしれるは大なる過《あやまち》なりといひて、すなはち浄土決疑鈔を焼《やき》をはりぬ。
(巻六)

『古徳伝』はなにによって「拾遺」したのか。現行の伝記類によるかぎり、『醍醐本』と考えられるが、独自の記載も存するので、別の資料も想定されよう。それはともかく、この『古徳伝』にいたって『行状絵図』の記事構成に最も近くなった。言い換えると『行状絵図』は『古徳伝』に依拠したが、なお不十分と思われるところについては、関係の文献を渉猟したに違いない。『浄土決疑抄』に対する法然の批判は、『醍醐本』[一期物語]の十七番目の「或云」を、漢文体から和文体に書き改めたにすぎない感がするほどだ。法然と公胤が参会した場所を、『古徳伝』は順徳天皇の母・修明門院の御所とするが、『行状絵図』は九条兼実の娘・宜秋門院と改めている。

法然から正されたという「七ケ条の僻事」のことは、『醍醐本』の[別伝記]に「三井の公胤は殿上に於《おい》て七ケの不審を上人に開く」(原漢文)とあるだけで、詳細は不明だ。『古徳伝』は「二の所得あり」と言い、『行状絵図』はそれを具体的に、東大寺の戒が四分律であるわけ、玄惲を「げんうん」と読むこと、の二点をあげているので、『行状絵図』は『古徳伝』を踏まえているといえる。

なお、『行状絵図』がなぜか省略した建保四年の夢告は、『古今著聞集』(巻二)が十六句全文を引いている。これが単行の資料として世に広まっていた可能性もあろう。

熊谷入道蓮生

武蔵《むさし》国の御家人《ごけにん》、熊谷《くまがい》の次郎直実《なおざね》は、平家追討の時、所々の合戦に忠をいたし、名をあげしかば、武勇の道ならびなかりき。しかるに宿善のうちに催しけるにや、幕下《ばっか》将軍をうらみ申す事ありて、心を起こし、出家して蓮生《れんせい》と申しけるが、聖覚《せいかく》法印の房《ぼう》にたづね行きて、後生菩提《ごしょうぼだい》の事をたづね申しけるに、「さやうの事は、法然上人にたづね申すべし」と申されければ、上人の御庵室に参じにけり。「罪の軽重をいはず、ただ念仏だにも申せば往生するなり。別の様《よう》なし」と宣《のたま》ふを聞きて、さめざめと泣きければ、けしからずと思ひ給ひて、物も宣はず、しばらくありて、「何事に泣き給ふぞ」と仰せられければ、手足をも切り、命をも捨ててぞ、後生は助からむずるとぞ、承《うけたまわ》らむずらんと存ずる所に、ただ念仏だにも申せば、往生はするぞと、やすやすと仰せを被《かぶ》り侍《はべ》れば、余りにうれしくて、泣かれ侍る由をぞ申しける。まことに後世《ごせ》を恐れたる者と見えければ、「無智の罪人の念仏申して往生する事、本願の正意《しょうい》なり」とて、念仏の安心《あんじん》こまかに授け給ひければ、二心《ふたごころ》なき専修《せんじゅ》の行者にて、久しく上人に仕へたてまつりけり。ある時上人、月輪《つきのわ》殿《どの》へ参じ給ひけるに、この入道推参して、御供にまいりけるを、止《とど》めばやと思食《おぼしめ》されけれども、さる曲者《くせもの》なれば、なかなか悪《あ》しかりぬと思食して、仰せらるる旨なかりければ、月輪殿までまいりて、沓脱《くつぬ》ぎに候《こう》して、縁《えん》に手うちかけ、寄りかかりて侍りけるが、御談義の声のかすかに聞こえければ、この入道申しけるは、「あはれ穢土《えど》ほどに口惜しき所あらじ。極楽にはかかる差別はあるまじきものを。談義の御声も聞こえばこそ」と叱り声に高声《こうしょう》に申しけるを、禅定《ぜんじょう》殿下聞こし召して、「こは何者ぞ」と仰せられければ、「熊谷の入道とて、武蔵国よりまかりのぼりたる曲者の候《そうら》ふが、推参に供をして候ふと覚え候ふ」と上人申し給ひければ、やさしくただ「召せ」とて、御使ひを出されて召されけるに、一言の式代《しきたい》にも及ばず、やがて召しにしたがひて、近く大《おお》床《ゆか》に祗候《しこう》して聴聞仕《つかまつ》りけり。（二十七巻一段）

蓮生、行住坐臥《ぎょうじゅうざが》、不背西方《ふはいさいほう》の文を深く信じけるにや、あからさまにも西を後ろにせざりければ、京より関東へ下りける時も、鞍《くら》を逆さまに置かせて、馬にも逆さまに乗りて、口を引かせけるとなん。されば蓮生、

浄土にも剛《ごう》の者とや沙汰すらん　西に向かひて後ろ見せねば

とぞ詠じける。上人も、信心堅固なる念仏の行者のためしには、常に思ひ出《い》で給ひて、坂東《ばんどう》の阿弥陀仏《ほとけ》とぞ仰せられける。（二十七巻三段）

武蔵国の御家人（将軍の家臣）の熊谷直実は、平家追討の合戦で、忠義を尽くした武勇の士である。前世での善業が心の中で引き起こしたのか、将軍の源頼朝を恨むことがあり、出家し

て蓮生と名乗った。蓮生は上洛し、聖覚のもとを訪ねて、後生の菩提のことを聞くと、「そのようなことは法然に尋ねるがよい」といわれたので、法然の庵室に行った。法然から「罪の軽重を問わず、ただ念仏さえ申せば往生できる。別に方法はない」という言葉を聞き、直実は涙を流して泣き出した。法然はあきれてなにもいわなかった。しばらくして、泣く理由を問うた。直実は「人を殺した罪深いものは、手足を切り、命を捨てたなら、後生は助かるとでもいわれるかと覚悟して来たが、ただ念仏を申せば往生できる、と事もなげに仰せになったので、うれしくて泣けてきた」と答えた。直実が本当に後世のことを心配している者とわかったので、法然は直実に「無智で罪深い人が念仏を申して、往生することが阿弥陀仏の本願の真意だ」と教えた。それから直実は、背く心がない専修念仏の行者として、長らく法然に仕えた。

あるとき、上人が九条兼実の月輪殿へ参上したが、この直実はお供に押しかけて来た。止めさせようと思ったが、変わり者でなにかと文句をいうのも困るから、そのままにさせておいた。直実は、月輪殿の沓脱ぎ石のところにすわり、縁に手をかけ、もたれかかっていた。上人の談義の声がかすかに聞こえてきた。直実は大声で「ああ、何とこの世ほど口惜しいところはあるまい。極楽ではこうした差別はなかろう。談義の声が聞きえたならば」と叫んだ。兼実があれは何者かと聞くと、上人は「熊谷の直実という武蔵国より上京した変わり者で、お供に押しかけて来たようだ」と答えた。兼実は「ここへ呼べ」と使者に命じた。直実は一言の挨拶もなく、お側近くの広廂《ひろびさし》の縁に控えて、法談を聴聞した。
直実（蓮生）は、いつでも「西方を背《はい》せず」という文章を深く信じて、かりそめにも西に背を向けなかった。京都から関東へ下向したときも、鞍を逆さまに置いて、馬に後ろ向きに乗ったということだ。そこで蓮生は、「（熊谷直実は）猛々《たけだけ》しい武士だった、と浄土でも噂《うわさ》するだろう。西に背中を見せなかったから」と意味の歌を詠んだ。上人も、信心が堅固な念仏者の例として、いつも蓮生を思い出し、「坂東の阿弥陀仏」と呼んだ。

一の谷の合戦で敗れて汀《みぎわ》に逃げる平家の君達《きんだち》、敦盛の頸《くび》を泣く泣く掻《か》き切った話（『平家物語』巻九「敦盛最期」）で有名な熊谷直実は、法然伝記にも登場する。入道して法然に直参し、浄土の教えを信奉した人物だから、それは当然のことといえるが、『伝法絵』（巻二）には「念仏の帰依おほしといへども、関東には熊谷入道」と、名前をあげるにとどまる。『琳阿本』（巻四）にもほぼ同文で見えるにすぎず、『行状絵図』が初めて一巻分を割くほどに詳しくとりあげた。すなわち『行状絵図』は、先行伝記を参考にすることなく、独自に史料を得て記事をなしたのである。

直実が出家した経緯は、『吾妻鏡』建久三年（一一九二）十一月二十五日条によると、将軍頼朝の御前で、直実の姨母《おば》の夫である久下直光《くげなおみつ》と領地の境界相論の対決があり、直実は一騎当千の武将であっても、弁舌は得意でなかったのか、将軍からの質問にうまく答えられず、不利な状況の中でついに憤怒して、みずから髻《もとどり》を切り、南門から走り出て、帰宅せずそのまま逐電したという。十二月十一日に走湯山《そうとうさん》（伊豆山）の専光房から注進があって、上洛しようとした法体《ほったい》姿の直実を走湯山に引き止め、遁世と逐電をいさめている。十二月二十九日に専光房が幕府に参上して、直実は熊谷の地にもどり、しばらく隠居するだろうと報告している。

法談を聴く熊谷直実（27巻１図）

以上の『吾妻鏡』の記事によれば、直実が上洛したのは、建久四年（一一九三）より以降のことになる。『光明寺絵縁起』に「建久四年三月、遂に故郷を遁《のがれ》出て、吉水の御庵室に参り」とある。ところが、京都嵯峨の清凉寺に蔵する直実自筆の「発願文・夢記」に、「極楽に所願に従《したがつ》て生まると宣《のたま》へる事を、夜毎《よごと》に現在に身を噛《か》みて、今年は十一年になる」という文がある（表記を一部変更した）。ここは、阿弥陀仏の本願によって極楽に往生できるということを法然に教えられ、日夜に身を噛みしめて十一年になる、と解釈できる。「発願文・夢記」を書いた元久元年（一二〇四）から起算して、十一年前は建久五年（一一九四）である。そこで、直実が上洛して法然に入門したのは、建久五年のことと推測したい。

直実に法然を紹介したのは『行状絵図』は聖覚とするが、年齢的に若すぎるので、『法然上人伝記』

（九巻伝）は父の澄憲に改めている。ここに引いた箇所は、無骨で直情径行の直実の人柄、東国武士の罪業観、堂上《とうしょう》（公家）と地下《じげ》（庶民）の身分差が知られて面白い。直実を主題とする当巻は、ほかに上品上生往生の「発願の文」、「夢の記」、五月二日付熊谷直実宛《あて》法然書状、四月一日付法然宛九条兼実書状、四月三日付熊谷直実宛法然書状などを載せ、そして直実の往生のことを述べる。

発願の文・夢の記、書状などはすべて「已上取詮」と注記し、それが要約文であることを明示している。発願の文・夢の記、五月二日付の法然書状、四月三日付の法然（正しくは証空）書状は、清涼寺に現存している。書状は『語灯録』（巻十四）『拾遺語灯録』（巻下）にも収められており、孫引きとも思えるが、発願の文・夢の記をも引用しているので、舜昌がこれらの実物を直接に見て、要約しつつ文章を整えた可能性がかなり高い。

四月三日付の書状は、『語灯録』も法然の書状とするが、すでに指摘されているように証空の筆になる。内容から推測すると、自身の往生の予告をいさめ、直実がそれをわびて、二字《にじ》（実名を記した名札）と怠状《たいじょう》（詫び状）を呈したようなので、「建永元年八月に、蓮生は明年二月八日往生すべし、申すところ、もし不審あらん人は、来たりて見るべき由」（第五段）を公言し、結局は予告日に往生できず、群衆のあざけりを浴びたというから、この手紙は建永二年（一二〇七）と考えられる。二字と怠状の呈上は、建永二年の二月から三月にかけてのころで、法然の流罪が決定し、四国に赴くあわただしい時期である。ともかく京都に残る弟子の証空に言いつけて、返事させたと思われる。

『行状絵図』は、直実の往生はこの年（承元元年と改元）の九月四日であったという。場所は故郷の武蔵である。ところが、『吾妻鏡』には承元二年（一二〇八）九月三日条に、

熊谷小次郎直家上洛す。これ父入道、来る十四日、東山の麓《ふもと》に於《おい》て終りを執るべきの由、示し下すの間、これを見訪せんがためと云々。（原漢文）

とあり、父が往生を予告したので、直家がそれを見とどけるために上洛している。ついで十月二十一日条に、東重胤《とうしげたね》が京都より鎌倉に帰参し、将軍に召されて洛中のできごとを話した。その第一が、

熊谷二郎直実入道、九月十四日未剋《ひつじのこく》を以《もっ》て終焉の期たるべき由、相《あい》触るるの間、当日に至りて、結縁の道俗、かの東山の草庵を囲繞《いにょう》す。時刻に衣・袈裟を着し、礼盤《らいばん》に昇りて端座合掌し、高《こう》声《しょう》念仏を唱へて終りを執る。兼《かね》て聊《いささ》かも病気なしと云々。（同右）

であった。『行状絵図』と『吾妻鏡』のいずれが正しいのか。『円光大師行状画図翼賛』は「両説ノ信不ハ見ル人ノ意ニアルベキニヤ」と判断をさけている（巻二十七）。『吾妻鏡』も編纂ものだけに、誤りがないとはいえないが、重胤が語った洛中の第二のできごとは、九月二十七日の夜半に「朱雀門焼亡」したことだ。朱雀門の焼亡は、『猪隈関白記』や『明月記』など公家の日記等に照らして事実である。重胤の話は、朱雀門の焼亡のことが正しければ、直実の往生の話も事実と見なければならない。そうでなければ、重胤がうそをついたことになる。前述した建永二年（一二〇七）推定の四月三日付証空書状に、「いつか御のぼり候べき」と、直実に上京を促しており、最晩年には京都にいた可能性

は高いのである。

津戸三郎為守

武蔵《むさし》国の御家人《ごけにん》、津の戸の三郎為守《ためもり》は、生年《しょうねん》十八歳にして、治承《じしょう》四年八月に幕下《ばっか》将軍于時兵衛佐石橋の合戦の時、武蔵国より馳《は》せまいりて後、安房国へ越え給ひしにも同じく相《あい》したがひ、処々の合戦に忠をいたし、名をあげずといふ事なし。建久六年二月、東大寺供養のために、幕下上洛の事ありき。為守、生年三十三にて供奉《ぐぶ》したりけるが、三月四日入洛し、同廿《にじゅう》一日上人の庵室にまいりて、合戦度々《たびたび》の罪を懺悔《さんげ》し、念仏往生の道をうけたまはりて後は、但信称名《たんしんしょうみょう》の行者となりにければ、本国に下りても怠りなかりけるに、ある人、「熊谷の入道・津戸《つのと》の三郎は無智の者にて、余行かなひがたければこそ、念仏ばかりをば勧め給ふらめ。有智の人には必ずしも念仏には限るべからず」と申しけるを、為守つたえ聞きて、上人にたづね申しけるついでに、条々の不審を申し入れけり。（二十八巻一段）

この御返事を給ひて後は、いよいよ念仏のほか他事なかりけるを見うらやみて、専修《せんじゅ》念仏の行人、かの国中に三十余人までになりにければ、この由を上人へ申し入れけるに、上人、御返事に云《いわ》く、「専修念仏の人は世にありがたく候《そうら》ふに、その一国に三十余人まで候ふらんこそ、まめやかに哀れに候へ。京辺《あたり》などの、つねに聞き習らひ、かたはらをも見習ひ候ひぬべき所にて候ふにだにも、思ひきりて専修念仏する人は、ありがたき事にて候。道綽《どうしゃく》禅師の并州《へいしゅう》と申し候ふ所こそ、一向念仏の地にては候ひしか。専修念仏三十余人は世にありがたく覚え候ふ。これひとへに御ちから、また熊谷の入道などの故にてこそ候ふなれ。それも時のいたりて、往生すべき人の多く候ふべき故にこそ候ふらめ。縁なき事は、わざと人の勧め候ふにだにも、かなはぬ事にて候へば、まして子細も知らせ給はぬ人などの仰せられむによるべき事にても候はぬに、もとより機縁純熟して、時いたりたる事にて候へばこそ、さほど専修の人等《なんど》は候ふらめと、推し量られ候ふ。念仏往生の誓願は、平等の慈悲に住して発《おこ》し給ひたる事なれば、人をきらふ事は候はぬなり。仏の御心は、慈悲をもて体とする事にて候ふなり。されば観無量寿経には、仏心といふは大慈悲これなりと説かれて候ふ。善導和尚この文をうけて、この平等の慈悲をもては、あまねく一切を摂すと釈し給へり。一切の言《ことば》ひろくして、もるる人候ふべからず。されば念仏往生の願は、これ弥陀如来の本《ほん》地《じ》の誓願なり。余の種々の行は、本地の誓ひにあらず。釈迦も世に出《い》で給ふ事は、弥陀の本願を説かむと思食《おぼしめ》す御心にて候へども、衆生の機縁にしたがひ給ふ日は、余の種々の行をも説き給ふは、これ随機の法《のり》なり。仏のみづからの御心のそこには候はず。されば念仏は弥陀にも利生《りしょう》の本願、釈迦にも出世の本懐なり。余の種々の行には似ず候ふなり」已上取詮この仰せをうけたまはりし後は、ますます勇みをなし、念仏のほか他事なかりき。（二十八巻一段）

武蔵国の御家人の津戸為守は、十八歳になった治承四年（一一八〇）八月、源頼朝の挙兵に馳せ参じた。石橋の合戦に敗れて安房国へ転じたときにも従軍し、各地で武勇を尽くした。建久六年（一一九五）の東大寺供養に将軍が上洛したとき、為守は三十三歳でお供した。三月四日に京都に到着し、二十一日に上人の庵室を訪ねて、合戦で多くの人を殺した罪を悔い、念仏によって往生することができる道を聞いた。それより後は、ただ称名念仏の行者となった。本国に帰ってからも、念仏を怠らなかったが、ある人が「熊谷直実や津戸為守は無智で、ほかの修行ができないから、法然は念仏ばかりを勧めたのだろう。学問があれば念仏に限ることはない」といっているのを、為守は聞き及んだ。為守はこのことに併せて、いくつかの不審を質問した。

為守が上人より返事（念仏の行は有智・無智を論じないこと、念仏を妨げる者は三悪道に堕ちること、心を清くして念仏申すこと、異解《いげ》の人に念仏を勧めないことなどを書いた消息）を頂戴して以後は、いよいよ念仏を唱えるのに余念がなかった。こうした様子を見て、同じようになりたいと願う専修念仏の行者が武蔵国で三十人を超えた。そのことを上人に報じたところ、上人からの返事の手紙にいう——。

専修念仏の人は世間に稀少であるのに、武蔵国だけで三十人余りもいることは、大変に感心なことだ。都の近辺でいつも聞き慣れ、見慣れているところであっても、心から専修念仏の人は珍しい。道綽禅師がいた中国では并州こそが、念仏の盛んな土地であると聞いている。関東の武蔵国に専修念仏の人が三十余人もいるのは、そなたの力と熊谷直実などの計らいのためだと思う。それというのも、時が熟して往生を願う人が多くなったからだろう。仏縁がなければ、いくら勧めても仕方がないことで、よく事情がわからない人の言葉に従うはずがなく、機縁が熟して時期が来たので、このように専修の人びとが出てきたと推察する。念仏往生の本願は、阿弥陀仏が平等の慈悲をたれる心から起きているので、人を差別することはない。仏の心は慈悲をもって本質とする。だから『観無量寿経』に「仏心とは大慈悲である」と説き、善導はこれを「平等の慈悲をもって一切の人びとを救う」と釈した。この一切という言葉に例外はない。念仏往生の願は、法蔵菩薩が阿弥陀仏になるときの誓願であって、ほかの種々の行はそうではない。釈尊がこの世にあらわれたのは、阿弥陀仏の本願を説くためである。衆生の資質と因縁とに従って、さまざまな修行方法を説いているが、釈尊の本心ではない。そうなると、念仏は阿弥陀仏にとって衆生を救うための本願であり、釈尊には人間界に生まれた本来の願望である。念仏以外の行とは比較にならない（以上、重要な箇所を抄出する）。

この教えを聞いてからは、為守は勇んで念仏に励んだ。

『行状絵図』は熊谷直実と同様に、津戸為守にも一巻分を割いている。親鸞が『西方指南抄』に、

法然に会う津戸為守(28巻1図)

つのとの三郎といふは、武蔵国の住人也《なり》。おほご・しのや・つのと、この三人は聖人《しょうにん》根本の弟子なり。つのとは生年《しょうねん》八十一にて、自害してめでたく往生をとげたりけり。故聖人往生のとしとて、ししたりける。もし正月二十五日などにてやありけむ。こまかにたづね記すべし。（巻下末）

と注記し、大胡実秀《おおごさねひで》・塩屋朝業《しおやともなり》（信生《しんしょう》）とならぶ東国における法然の「根本弟子」の一人であったという。それにしても、津戸為守の事績はよくわからない。かれの名が法然伝に登場するのは、『行状絵図』が初めてである。

引用しなかった箇所も含めて判明するかぎり、為守の事績を簡単に整理しておこう。建久六年（一一九五）に将軍頼朝の東大寺供養に供奉して上洛のとき、法然を訪ねて念仏往生の道を聞き、「但信称名の行者」となった。帰国後も法然の教えを信じて念仏したが、確信のもてない不審な事項について、書状をもって法然に問い、法然から懇切に答えた書状を得ている。法然の〈消息〉による伝道が東国に浸透していく。

上人から派遣された浄勝房《じょうしょうぼう》・唯願房《ゆいがんぼう》を先達《せんだつ》（指導者）として不断念仏を行なったが、元久二年

（一二〇五）の秋ごろ、「為守、聖道《しょうどう》の諸宗を謗《ぼう》じ、専修念仏を興ずる由」を将軍実朝に讒訴《ざんそ》するものがあった。翌年の四月二十五日に御教書《みきょうじょ》（将軍の命令書）が下り、「津戸郷内に念仏所を建立し、一向専修の輩《ともがら》を居住せしむるの由」という嫌疑で喚問をうけた。鎌倉の法華堂御所に出頭し、かねてよりの法然からの指示に従って返答している。この後、出家しようとしたが、幕府からの許可がないので、「在俗の形ながら、法名をつき、戒をうけ、袈裟をたもつ」ことを法然に望み、尊願という法名をつけてもらった。建保七年（一二一九）正月、将軍実朝の逝去にともない、幕府の許可をえて正式に出家した。仁治《にんじ》三年（一二四二）に八十歳を迎え、釈尊・法然の入滅と同年齢の往生を願い、十一月十八日に割腹したが果たせず、翌年正月十五日に「上人より給ひたる袈裟をかけ、念珠をもちて西に向かひ、端座合掌して、高声念仏数百反《へん》をとなへ」て往生したという。

法然から為守にあてた書状は実物が存在しないが、法然伝や法語集に収録されている。『行状絵図』には当巻に五通、巻三十五に一通、合せて六通を掲載している。当巻の五通のうち主要な三通は、九月十八日付書状・九月二十八日付書状・十月十八日付書状で、『語灯録』（巻十四）『拾遺語灯録』（巻中）にも収める。

ここには九月二十八日付書状を引用した。この書状について『行状絵図』と『拾遺語灯録』を比較すると、表記上の異同はあるものの、内容的に相違はない。『行状絵図』が「已上取詮」と注記するように抄出であるが、その省略した箇所が判明する。大きくいって四箇所を指摘できるが、始めの三箇所は文脈的に冗長な感をまぬがれず、省略しても文義はほとんど損なわれていない。最後の箇所も同じ観点からの省略であったと思われるが、少し面白いことが指摘できる文章なので、それを以下に引こう。

又くまがやの入道の文《ふみ》は、これへとりよせ候《そうろう》て、なをすべき事の候へば、そののちかきてまいらせ候べし。なに事も御文に申《もうし》つくすべくも候はず。のちの便宜に又々申候べし。

熊谷直実につかわした書状になにか不都合があったのか、いったん取り寄せて書き直し、改めて差し出すという。それを為守に知らせているのは、直実と為守の二人が法然の指示のもとに連絡し合っていたことを示している。この書状のなかで、法然は専修念仏の行人が武蔵国で三十余人になったことを非常に喜んでいる。「これひとへに（為守の）御ちから、また熊谷の入道などの故にてこそ候ふなれ」と、為守と直実の念仏弘通《ぐずう》の功をたたえている。九月十八日付書状に「熊谷入道・津戸三郎は、無智のものなればこそ、但念仏《たんねんぶつ》をばすすめたれ。有智の人には、かならずしも念仏にはかぎるべからず」という僻見に対する法然の考えを述べているが（『語灯録』巻十四）、ここでも二人が並び称されている。また、この二人はいずれも、自身の往生の時期を公然と予言しており、東国武士の死生観をうかがわせる。

法蓮房信空

白川の法蓮房《ほうれんぼう》信空又号称弁は、中納言顕時卿《あきときぎょう》の孫、左大弁行隆《ゆきたか》朝臣の長男なり。かの朝臣の室、懐妊の時、父中納言顕時卿申されけるは、「汝《なんじ》が妻室の産めらん所、もし男子ならば必ずわが養子とすべし」と。かの室家つきみちて、久安二年に男子を生ず。中納言これを喜びて、乳母《めのと》に酒肉五辛を禁ぜしめて養ひ育てらる。保元《ほうげん》二年十二歳の年、墨染《すみぞめ》の布の衣《ころも》・袈裟《けさ》を車の中に入れて、黒谷の叡空《えいくう》上人に送りつかはす状に云《いわ》く、「面謁の時、申さしめ候ふ小童《こわらわ》、登山し候ふ。剃髪してこの法衣を着せ、名利《みょうり》の学道を歴《へ》ず、速やかに出離の要道を授けたまへ云々」。よりて登山の翌日に出家して、薫修《くんじゅ》功つもりにければ、道徳三塔に聞こえ、名誉九重《きゅうちょう》に及ぶ。二条院ことに御帰依を厚くし在《まし》ましけり。叡空上人入滅の後は、源空上人に奉事《ぶじ》して、大乗円戒を相承し、また浄土の教門をならひ、念仏を修して、まのあたり白毫《びゃくごう》を拝す。この聖《ひじり》、毘沙門堂《びしゃもんどう》の法印明禅《みょうぜん》に対面の事ありけるに、法印たづね申さるる事、内外典にわたりて、いづれも分明に答へ申されければ、所学のほどゆかしく覚えて、「いかなる明師《みょうし》たちにか会ひ給へりし」と問ひ申されけるに、幼稚の昔よりただ法然上人の教訓を被《かぶ》れるほか、聞ける所なきよし申されけり。「この人の才学のほどを思ふに、師範上人の恵解《えげ》の分、思ひやられて、いみじく覚え侍《はべ》りし」と法印後に語られけるとなむ。さればにや、法印但馬宮《たじまのみや》へ進ぜられける状にも、この聖の事をば、「内外博通し、智行兼備せり。念仏宗の先達、傍若無人といふべし」とぞ載せられて侍る。行年八十三、安貞《あんてい》二年九月九日、九条の袈裟をかけ、頭北面西《ずほくめんさい》にして、上人の遺骨を胸に置き、名号をとなへ、眠るがごとくして、往生をとげられにけり。（四十三巻一段）

白川に住していた法蓮房信空は、藤原（葉室《はむろ》）顕時の孫、行隆の長男である。行隆の妻が妊娠したとき、顕時は、この子が男児なら、わが養子にしようといった。行隆の妻は、久安二年（一一四六）に男児を生んだ。祖父の顕時はうれしく思い、乳母に酒肉五辛を禁じて養育させた。この子が十二歳になった保元二年（一一五七）、顕時は、墨染めの衣と袈裟を牛車の中に入れ、比叡山黒谷の叡空のもとへ送り届けた。そのときの書状に、「お会いした時に申しあげた通り、この子を登山させる。剃髪してこの法衣を着せ、名聞利養《みょうもんりよう》のための学問に進まず、早く迷界から出離する仏道を授けられたい」と書いた。その翌日に出家し、修行を積んだので、その誉れが全山に聞こえた。とりわけ二条天皇は信空に帰依された。師の叡空が亡くなった後は、法然に師事して円頓戒を相承し、浄土の教えを学んだ。念仏を勧めているとき、目前に仏の白毫を拝するという霊妙な経験をした（第一章「霊山寺の別時念仏」六三頁～）。

信空は毘沙門堂の明禅に対面したことがあったが、明禅の質問に対して、内典（仏書）・外典（仏書以外の書）の両方にわたり明確に答えた。明禅は信空の学問の深さに惹《ひ》かれて、師匠のことを尋ねた。信空は、少年時代より法然から教えを受けただけで、他の人から学んだことはないと答えた。のちになって明禅は、この僧の才学のほどを思えば、師匠である法然の知恵の奥深さが知られ、大変に尊い方だ、と語っている。明禅が但馬宮（雅成《まさなり》親王）に進上した書状にも、「信空は内典・外典に通じた智行兼備の僧で、念仏宗の指導者としてほかに並ぶものがいない」と書いてあった。安貞二年（一二二八）九月九日、九条の袈裟をかけ、法然の遺骨を胸に置き、名号を唱えて眠るように往生した。ときに八十三歳。

信空は法然の伝記にしばしば登場する。『行状絵図』についていうと、当巻のほかに、七巻二段（華厳経講説の奇瑞）・八巻一段（上人の暗夜放光を拝す）・八巻四段（勢至菩薩を拝す）・二十巻一段（天野四郎の暇乞い）・三十一巻二段（七箇条制誡の執筆と署名）・三十三巻三段（一向専修の停止を上人に請う）・三十六巻三段（勝尾寺僧衆に法服調度）・三十七巻一段（上人遺跡の指定要請）・三十九巻一段（上人中陰仏事の沙汰）・三十九巻四段（上人中陰四七日導師）・三十九巻七段（上人中陰七七日諷誦）・四十一巻一段（明禅と念仏の法談）・四十二巻三段（上人の御棺を開く）の各段にその名が見える。これは信空が法然に最も長く仕えた高弟*であったことに起因するが、『伝法絵』『琳阿本』『古徳伝』などと対応するものも多く、「伝法絵」系の絵伝が信空の門流に属する者に素材の提供を仰いだからだともい

信空の臨終（43巻１図）

えよう。

＊法然中陰の七七日仏事における信空の願文に、「先師廿五歳の昔、弟子十二歳の時、忝《かたじけな》くも師資《しし》の約契を結び、久しく五十の年序を積めり。一旦《いったん》生死を隔て、九廻の腸断《た》えなんとす。叡山黒谷の草庵に宿せしより、東都白河の禅房に移りしに至るまで、その間撫育《ぶいく》の恩と云《い》ひ、提撕《ていせい》の志と云ひ、報謝の思《おもい》、昊天《こうてん》極まりなし」と述べている（『伝法絵』巻四・原漢文）。

ことに当段は、信空の弟子信瑞《しんずい》（敬西房《きょうさいぼう》）が編纂した『明《みょう》義進行集《ぎしんぎょうしゅう》』によるところが大きい。祖父の顕時が叡空に送った書状の文言や、明禅が但馬宮雅成親王にいった信空への賛辞は、『行状絵図』のそれとまったく同じであるから、舜昌が『明義進行集』を参照したことは明らかだ。『明義進行集』の信空伝は、「法蓮上人ハ、戒バカリコソ（法然）上人ニハ相伝セラレタレ、浄土ノ門法門ハシカラズ」との評判があったことに対する反証に記事の多くを割き、とりわけ信空が「無観称名」という独特の述語を用いて、「専修念仏ノ至極」を説いていたことを強調している。しかし、『行状絵図』はそれに言及していない。

舜昌が『明義進行集』によったと思われる箇所にかぎって比較すると、曖昧なところや誤読したことがわかる。たとえば、顕時が孫を養子にしたのは「法師子《ご》」（法師になる子）とするためであり、乳母に酒肉五辛を禁じたのは「清浄ノヒジリ」に育てる意巧《いぎょう》であった。「二条院御在位ノ時、行隆祇候ノアルヒ」に、天皇から「実《げ》ニ行隆ハタフトキヒジリゴモチタル」と褒められたとあるのを、「二条院ことに御帰依を厚くし在《まし》ましけり」と書いてしまった。

なお、『明義進行集』に「源空上人ノ補処《ふしょ》トシテ、本尊・聖教《しょうぎょう》・三衣《さんね》・坊舎コトゴトクニモテ相伝シ給ヘリ」とある。法然は建久九年（一一九八）四月八日に「没後起請文《もつごきしょうもん》」を書き、多年入室の信空に「黒谷本坊寝殿雑舎・白川本坊寝殿雑舎・坂下薗《その》一所・洛中地一所、此《この》外本尊三尺弥陀立像、定朝・聖教摺写六十巻等」を付属すると遺言していた（『語灯録』巻十）。

長楽寺の隆寛

長楽寺《ちょうらくじ》の律師隆寛《りっしりゅうかん》又号無我称皆空は、粟田《あわた》の関白五代の後胤《こういん》、少納言資隆《すけたか》の三男なり。範源《はんげん》法印の附法として、慈鎮《じちん》和尚の門弟につらなりき。天台の法灯をかかげ、叡山の領袖《りょうしゅう》たりといへども、しかるべき宿善や催しけむ、浮生《ふしょう》の名利《みょうり》をいとひ、安養《あんにょう》の往生を願ひて、つねに上人の禅室に参じ、しきりに出離の要道をたづね申されき。初めにはいと打ち解け給はざりけれども、往生の志《こころざし》深き由ねんごろに述べ給ひければ、上人大きに驚きて、「当時聖道門《しょうどうもん》の有職《うしき》にて、大僧正御房慈鎮和尚に貴重せられ給ふ御身の、これほどに思ひ入れ給ひける事、返す返すもありがたくこそ思ひ給ふれ」とて、浄土の法門ねむごろに授け給ひけり。毎日阿弥陀経四十八巻を読み、念仏三万五千遍を唱ふ。後には六万遍なり。ある時、阿弥陀経転読の事を上人にたづね申されけるに、「源空も毎日に阿弥陀経三巻を読みき。一巻は呉音、一巻は唐音、一巻は訓なりき。しかるを今は、一向称名のほか他事なき由」仰せられければ、四十八巻の読誦《どくじゅ》をとどめて、毎日八万四千遍の称名をぞ勤められける。(四十四巻一段)

上人、小松殿《こまつどの》の御堂におはしましける時、元久元年三月十四日に律師参り給ひけるに、上人後《うしろ》戸《ど》に出《い》で迎ひ給ひて、ふところより一巻の書を取り出《いだ》して、「これは月輪殿《つきのわどの》の仰せによりて、撰《えら》び進ずる所の選択集《せんちゃくしゅう》なり。載《の》する所の要文・要義は、善導和尚浄土宗を立て給ふ肝心なり。早く書写して披覧すべし。もし不審あらば、たづね問ふべきなり。源空存生の間は、秘して他見に及ぶべからず。死後の流行は何事かあらんや」と宣《のたま》ひければ、貴命をうけて、急ぎ功を終へんがために、分かちて尊性《そんしょう》・昇蓮《しょうれん》等に助筆せさせて、これを書写して、本をば返上せられけり。静かにこれを披見して、いよいよ信仰の誠《まこと》をいたす。(四十四巻二段)

並榎《なみえ》の竪者定昭《りっしゃじょうしょう》が凶害によりて、山門に訴《うた》へ奏聞《そうもん》に及びて、上人の門徒、国々へ配流せられしに、律師その専一として、配所定まるよし聞こえければ、「先師上人すでに念仏の事によりて遷《せん》謫《たく》に及び給ひし上は、予《よ》その跡を追はむ事、尤《もと》も本意なり」とて、長楽寺の来迎房にして、最後の別時とて七日の如法念仏を勤められけるに、結願《けちがん》の日に当たりて、異香《いきょう》室内に薫じ、蓮華一茎白蓮庭上に生じ、瑞花《ずいけ》空より降り下りければ、現身往生の人なりとぞ尊び合ひける。まことに不思議の事なりけり。（四十四巻三段）

京都東山の長楽寺にいた律師の隆寛は、藤原道兼（粟田の関白）の五代目の子孫で、資隆の三男である。天台の椙生《すぎふ》流を範源から相承し、慈円の門弟に連なっている。天台宗の棟梁と称されたが、前世での善業の示すところか、現世の名望をこばみ、浄土に往生することを願って、いつも上人の草庵を訪れ、迷いの世界から出離する道を尋ねた。初めのうちは上人と打ち解けなかったが、往生への願望が強いことを熱心に話すと、上人は「天台宗の知恵者で、慈円大僧正から重んじられている人が、これほど浄土の教えに思いを入れるのは、大変ありがたいことだ」と感嘆し、隆寛に浄土の教えを授けた。隆寛は毎日、『阿弥陀経』を四十八回も読み、念仏三万五千遍を唱えた。あるとき、『阿弥陀経』読誦のことを上人に質問した。上人は、私も昔は日ごとに『阿弥陀経』を呉音・漢音・訓読と三度読んだが、今は念仏を唱えるだけだと答えた。隆寛もそれからは、日に『阿弥陀経』を四十八回読むのを止め、八万四千遍の念仏を唱えることにした。

上人が小松殿の御堂にいたとき、元久元年（一二〇四）三月十四日に隆寛が来た。上人が御堂の裏口で迎えて、ふところから一冊の本を取り出し、「この本は、九条兼実の仰せで書いた『選択集《せんちゃくしゅう》』である。ここに載せた経文の抜粋や教義の要旨は、善導が浄土宗を立てた根本であるから、早く書写せよ。もし不審な点があれば、問いただすがよい。私が存命中は人に見せてはならない。死後は世に広めても構わない」と言いつけた。少しでも早く書写するため、尊性・昇蓮らの助けを借りて書写し、もとの本を返した。この『選択集』を熟読して、誠実に信仰を深めた。

並榎の竪者という定昭は（『弾選択《だんせんちゃく》』を著わして『選択集』を批判したのに対して、隆寛が『顕《けん》選択《せんちゃく》』を著わして痛烈に反駁したので）、延暦寺座主に『選択集』の焼却と隆寛らの処罰を訴え、衆徒を蜂起させて上人の墓をあばくことを企てた。朝廷は山門の奏上を聞き入れ、上人の門弟らを処罰した。この嘉禄三年（一二二七）の法難で、隆寛の陸奥国流罪が決まった。このとき、隆寛は「先師上人が念仏を広めたことで四国流罪となったが、私もそれにならい、流罪に処せられることは、本心にかなうことだ」といって、長楽寺の来迎房で最後の別時念仏を勤めた。その結願の日に、室内に珍しい香りがただよい、庭に白蓮が生え、空から花びらが舞いふるという瑞相があらわれた。

隆寛は、安貞元年（一二二七）十二月十三日に八十歳で入滅しているから（第四段）、久安四年（一

『選択集』を授かる隆寛（44巻2図）

一四八）の生まれで、信空より二つ若い。法然が遷化したとき、信空に次ぐ高弟であったが、法然との交わりは信空ほど長くはなかった。『行状絵図』の第一段は『明義進行集』によったと考えられるが、法系の記載が十分でない。たとえば、『明義進行集』に、

伯父父兄ナリ皇円《こうえん》阿闍梨《あじゃり》ヲ師トシテ、台教ヲナラヒ、イマ案ズルニ、律師、法然上人ノ為ニハ、天台宗ニハ同法ナリ。トモニ皇円ニ伝受スルガユヘニ。浄土宗ニハ弟子ナリ。後ニ依附スルガユヘニ。

とあり、皇円に師事したことを無視している。また『行状絵図』に「慈鎮和尚の門弟につらなりき」というが、隆寛は慈円よりも七歳年上だから「門弟」はありえず、『明義進行集』に「大僧正ノ御房ニ諡号慈鎮和尚祗候《しこう》ノ時モ」云々とあるように、摂関家の出身で天台座主をつとめた慈円と懇意であったという程度だろう。あるいは元久二年（一二〇五）に隆寛が権律師に任ぜられたのは、慈円が法勝寺《ほっしょうじ》金堂で大《だい》熾盛光法《しじょうこうほう》を修した勧賞によるもので（『天台座主記』）、慈円の推挙があったことを指しているのかもしれない。

隆寛が法然より『選択集』を授与されたことは、すでに『伝法絵』（巻二）に、

権律師隆寛、小松殿に参向の時、上人御堂の後戸に出対《いでむかい》給《たまい》て、一巻の書を持《もち》て、隆寛律師の胸《むね》の間《あいだ》に指入《さしいれ》、依月輪殿之仰所撰選択集也《つきのわどののおおせによりえらぶところのせんちゃくしゅうなり》。

と見え、『琳阿本』も同文である。法然の弟子たちの中で隆寛も付法の弟子であったと認識されていたことを示す。その年紀は、両伝記ともに「元久三年七月」*に法然が吉水を出て小松殿へ移った後のこととする。しかし『明義進行集』には、

元久元年三月十四日、コマツドノノ御堂ノウシロニシテ、上人フトコロヨリ選択集ヲ取出シテ、ヒソカニサヅケ給フコトバニイハク、コノ書ニノスル処ノ要文等ハ、善導和尚ノ浄土宗ヲタテタマヘル肝心ナリ。ハヤク書写シテ披読ヲフベシ。

とあり、これに続く文を読めば、『行状絵図』が「伝法絵」系の伝記と『明義進行集』を合わせて記事をなしたことがわかる。

＊この年は四月に建永と改元されており、正しくは「建永元年七月」というべきか。

法然滅後の浄土宗教団における指導者に、高弟の信空と隆寛がいたことは疑いない。信空は穏健で、隆寛は学僧として著名であった。嘉禄の法難では「一向専修の張本、隆寛・成覚《じょうかく》・空阿《くうあ》」と名指しで非難された（『鎌倉遺文』三六二八号文書）。これは隆寛が幸西《こうさい》（成覚房）・空阿らと同じく過激派と見られたのではなく、天台宗の僧でありながら、並榎の竪者定昭を痛罵して怒らせ、法難の起因をなしたからであろう。隆寛は陸奥に赴かず、相模国飯山《いやま》にとどまり、そこで入滅している。門弟が京

都・鎌倉で活躍し、「抑《そもそも》当世浄土ノ法ヲ談ジ、念仏ノ行ヲタツルモノ、大半ハコレ律師ノ遺流ナリ」（『明義進行集』）というように、その門流は鎌倉後半まで栄えた。

勢観房源智

勢観房源智《せいかんぼうげんち》は、備中守《びっちゅうのかみ》師盛朝臣《もろもりあそん》の子、小松の内府重盛公の孫なり。平家逆乱《げきらん》の後、世のはばかりありて、母儀《ぼぎ》これを隠し持てりけるを、建久六年、生年《しょうねん》十三歳の時、上人に進ず。上人、これを慈鎮《じちん》和尚に進ぜられけり。かの門室に参じて出家をとげ終はりぬ。いくほどなくて上人の禅室に帰参、常随《じょうずい》給仕首尾十八箇年、上人、憐愍《れんみん》覆護《ふご》他に異《こと》にして、浄土の法門を教示し、円頓《えんどん》戒《かい》この人をもちて附属とし給ふ。これによりて道具・本尊・房舎・聖教《しょうぎょう》、残る所なくこれを相承せられき。上人、終焉《しゅうえん》の期《ご》近づき給ひて、勢観房、「念仏の安心《あんじん》、年来《としごろ》御教誡にあづかるといへども、なを御自筆に肝要の御所存、一筆《ひとふで》あそばされて、賜《たま》はりて、後の御かたみに備へ侍《はべ》らん」と申されたりければ、御筆を染められける状に云《いわ》く、

もろこし我が朝《ちょう》に、もろもろの智者たちの沙汰《さた》し申さるる観念の念にもあらず。また学問して念仏の心を悟りなどして申す念仏にもあらず。ただ往生極楽のためには、南無阿弥陀仏と申して疑ひなく往生するぞと思ひ取りて申すほかには別の子細候はず。ただし三心・四修など申す事の候

ふは、決定《けつじょう》して南無阿弥陀仏にて往生するぞと思ふうちにこもり候ふなり。このほか奥深き事を存ぜば、二尊の憐《あわ》れみにはづれ、本願にもれ候ふべし。念仏を信ぜむ人は、たとひ一代の法よくよく学せりとも、一文不知の愚鈍《ぐどん》の身になして、尼《あま》入道の無智のともがらに同じうして、智者のふるまいをせずして、一向に念仏すべし云々《うんぬん》。

まさしき御自筆の書なり。まことに末代の亀鏡《ききょう》に足れるものか。上人の一枚消息と名づけて世に流布する、これなり。上人御入滅の後は、加茂のほとり、ささき野といふ所に住み給ひけり。その由来は、上人の御病中に、いづくよりともなく車を寄《よ》する事ありけり。貴女、車より降りて上人に謁し給ふ。おりふし看病の僧衆、あるいはあからさまに立ち出《い》で、あるひは休息しなどして、ただ勢観房一人、障子の外《ほか》にて聞き給ひければ、女房の声にて、「今しばしとこそ思ひ給ふるに、御往生近づきて侍らんこそ、無下《むげ》に心細く侍れ。さても念仏の法門など、御後《おんのち》には誰にか申し置かれ侍らん」と申さるれば、上人答え給はく、「源空が所存は選択集に載せ侍り。これにたがはず申さん者ぞ、源空が義を伝えたるにて侍るべき」と云々。その後しばし御物語ありて帰り給ふ。その気色《けしき》ただ人と覚えざりけり。さるほどに僧衆など帰り参れりければ、勢観房ありつる車の行方《ゆくえ》おぼつかなく覚えて、追い着きて見いれんとし給ふに、河原へ車をやりいだして、北を指して行くが、かきけつやうに見えずなりにけり。怪しき事かぎりなし。帰りて上人に、「客人《まろうど》の貴女、誰人にか侍らん」とたづね申されければ、「あれこそ韋提希夫人《いだいけぶにん》よ。加茂の辺《ほとり》におはしますなり」と仰せられけり。この事、末代には真《まこと》しからぬほどに覚ゆる方《かた》も侍れども、近く解脱《げだつ》上人・明恵《みようえ》上人なども、かやうの奇特《きどく》多く侍りけり。この上人は、いま少し宿老にて、行徳もたけ、三昧をも発得《ほっとく》せられて侍れば、権化《ごんげ》の由をあらはし給はむ事、驚くに足らず。勢観房、まのあたりこの不思議を感見せられける故に、上人遷化《せんげ》の後は、社壇近く居を占めて、つねに参詣をなむせられける。（四十五巻一段）

勢観房源智は、平《たいら》重盛の孫で、師盛の子である。平家滅亡の後、世間に気兼ねして、母親はこっそりと育てたが、建久六年（一一九五）、少年が十三歳のとき、上人に預けた。上人は慈円のもとで出家させたが、しばらくして上人のところへ帰参した。それより十八年の間、上人に常時仕えた。上人も源智をかわいがり、浄土の教えを授け、円頓戒の継承者とした。そこで、上人から仏具・本尊・房舎・書物などを相続したのである。上人の末期が近づいた時、源智は「念仏の心構えを年来ご教示いただいたが、自筆にて肝要な点を書いていただき、それを形見としたい」と願い出た。上人みずから筆をもって、次のように一枚の紙に書いた。——

私が立てた浄土宗の念仏とは、中国や日本の学僧たちが論議していう観念（仏の相好を観想する）の念仏でもなく、また学問を積んで念仏の意味を理解して唱えるような念仏でもない。ただ極楽に往生するには、南無阿弥陀仏と唱えれば、疑いなく往生すると思いわきまえ唱える以外に、別の方法はない。ただし、三心（至誠心《しじょうしん》・深《じん》心・回向発願心《えこうほつがん》）という心の持ち方、四修（恭敬修《くぎょうしゅう》・無余《むよ》修・無間《むけん》修・長時《じょうじ》修）という唱え方はあるが、それも南無阿弥陀仏と唱えるだけで必ず往生するのだと思う心の中に含まれている。このほかに奥深い意味があると考えると、かえって釈迦・弥陀の慈悲からはずれ、念仏往生の本願から漏れてしまうことになろう。念仏を信じようとする人は、たとえ仏教の学問を究めていても、文字一つ知らない愚か者、髪を切っただけの尼のような無知の者に等しいと思って、知恵者ぶらずに、ひたすら念仏しなさい。

これは間違いなく上人の自筆で書かれており、本当に末世の手本となろう。上人の「一枚消息」と称して世に流布している。源智は、上人が亡くなった後、賀茂社に近い佐々木野に住んだ。それにはわけがあった。上人の病気中に、どこからともなく牛車が来て、高貴な婦人が降り、上人と面会した。上人を看病していた僧たちがたまたま外出し、または休息していた間で、源智一人が障子の外で話し声を聞いた。婦人が「今しばらくと思っていたのに、往生のときが近づき、この上なく心細くなった。念仏の教えをだれに言い残してあるのか」と尋ねた。上人は「私の考えはすべて『選択集』に書いてある。この本に違うことなく説く者こそが、私の教えを伝えるのだ」といった。話はしばらく続いて、やがて女性は帰った。その様子は常人とは思えなかった。僧たちが戻ってきたので、源智は牛車の行方が気になり、追いかけて見ると、牛車は河原に出て、北を指して進み、かき消すように見えなくなった。源智が上人に貴婦人のことを尋ねると、上人は「あれこそ韋提希夫人で、賀茂社のほとりにおられる」といった。経典に名が出てくる人がこの世に存在するとは真実でなさそうだが、貞慶《じょうけい》や高弁《こうべん》にもこのような不思議なことがあったということだ。上人は少し年齢が高く、行も徳も積み、三昧を発得していたので（第一章「三昧発得」六〇頁～）、韋提希夫人が日本の貴婦人の姿で来現したと語っても、驚くに足りないことだ。源智は目の前で不思議な現象を感得したので、上人の滅後は、賀茂社の近くに住居を構え、つねに参詣したという。

源智の学業について、「勢観上人ハ初《はじめ》ハ真観房《しんかんぼう》ノ弟子」と伝える文献もあり（『授手印決答聞書』）、感西《かんさい》（真観房）から手ほどきを受けたのであろう。さらに「常随給仕ノ御弟子也《なり》。サレバ本尊、聖教並《ならびに》感得仏舎利、円頓戒法則《ほっそく》、釈尊相伝九条袈裟、皆以付属勢観房《みなもってせいかんぼうにふぞくす》」ともいう（同上）。源智は「常随給仕」の弟子であったから、本尊・聖教・仏舎利・円頓戒法則・袈裟などを相続した。*それを『行状絵図』のように、「円頓戒この人をもちて附属とし給ふ。これによりて道具・本尊・房舎・聖教、残る所なくこれを相承せられき」と、源智を円頓戒の正嫡にみなす書き方は、事実に反するのではないかと思う。源智の門流を吸収した鎮西派の正当性を、円頓戒の正嫡と自負していた信空・湛空《たんくう》（正信房《しょうしんぼう》）の系統に対して主張するために、こうした書き方をせざるを得なかったようだ。

源智の臨終（巻45）

*建久九年四月八日の「没後起請文」には、信空が「多年入室之《の》弟子」、感西が「年来常随給仕之弟子」として、財産の分与に預かることになっていた（『語灯録』巻十）。源智は法然に入室してわずか三年、この時点で分与に預かるような地位にはない。思うに源智は、法然の晩年に常随給仕した弟子として、「没後起請文」とは異なる財産を継承したのであろう。

源智が臨終の法然に念仏の肝要を記してもらった「一枚消息」（現在、浄土宗では「一枚起請文《きしようもん》」という）のことは、『法然聖人絵』（弘願本）が高野の明遍の記事に続けて、唐突に「勢観房にさづけてのたまはく」という書き出しで引用するだけで、「伝法絵」系の主要な絵伝には見えない。『語灯録』（巻十一）に「御誓言の書」と名づけて収録し、「これは御自筆の書なり。勢観聖人《しようにん》にさづけられき」と注記する。これらを比較すると、表記等に若干の出入りはあるが、内容的に変わらない。現行本との大きな違いは「為証以両手印《しようのためにりようしゆいんをもってす》」以下の添え書き、「建暦二年正月二十三日　源空（在判）」の年月日・署名を欠いていることだ。

この法語は、念仏の肝要を記したものとして源智に伝えられた。同じような法語を法然が源智以外の弟子にも語った可能性は大いにありえるが、法然の晩年に常随した源智は、特別に法然から直筆で授けられ、それをひそかに所持していたと思われる。源智の没後、かれが法然から直に聞き書き留めた法語や伝記類が世に出たとき、この念仏の肝要を記した法語は、紙一枚に尽きるほど簡潔で、かつ法然の直筆であったために珍重され、「一枚消息」と称して世間に流布するようになった。ところがこの中に「このほか奥深き事を存ぜば、二尊の憐れみにはづれ、本願にもれ候ふべし」という一節があったので、法然が誓言・起請したものと解して、「御誓言の書」とか「御起請文」と呼び換えられた。誓言・起請の文となれば、そこには事由の文言と日付けと署名がなければならない。さらに添え書き以下が付加されたのだ。

法然が賀茂のほとりに住む貴婦人を「韋提希夫人」の応現と見たことは、「今の仰《おおせ》のごときは計知《はかりしる》、賀茂の大明神は韋提希夫人也と云ふ事を」のように（『法然上人伝記』巻七下）、賀茂の神の本地《ほんじ》が韋提希夫人であったことを示すか、あるいは国母《こくぼ》（天皇の生母）の女院《にょういん》を韋提希夫人にたとえたか、のいずれかであろう。女院ならば、『行状絵図』（巻十）に法然から受戒したと伝える上西門院と修明門院のうち、時代的に合う修明門院が考えられる。

聖光房弁長

鎮西《ちんぜい》の聖光房弁長《しょうこうぼうべんちょう》又号弁阿は、筑前《ちくぜん》国加月《かつき》庄の人なり。生年《しょうねん》十四歳より天台宗を学す。廿二《にじゅう》歳、寿《じゅ》永《えい》二年の春、延暦寺《えんりやくじ》にのぼりて、東塔南谷観叡法橋《かんえいほつきよう》の室に入る。後には宝地房法印証真《ほうじぼうしようしん》に仕へて、一宗の秘賾《ひじやく》をうけ、四明《しめい》の奥義をきはむ。廿九歳、建久元年に故郷に帰りて、一寺油山の学頭に補す。三十二の年、世間の無常をさとりて、無上道心をおこし、今生《こんじよう》の名利《みようり》をすてて、身の後の資糧をもとむ。建久八年、吉水《よしみず》の禅室に参ず。時に上人六十五、弁阿《べんな》三十六なり。ひそかに思はく、「上人の智弁《ちべん》深しといふとも、何ぞわが所解《しよげ》に過ぎむや」と。こころみに浄土門の枢楗《すうけん》をたたく。上人答へて宣《のたま》はく、「汝《なんじ》は天台の学者なれば、すべからく三重の念仏を分別して聞かしめむ。一には摩訶止観に明かす念仏、二には往生要集に勧むる念仏、三には善導の立て給へる念仏なり」とて、詳しくこれを述べ給ふ。文義《もんぎ》広博にして、智解《ちげ》深遠なり。崑崙《こんろん》のいただきを仰ぐがごとし。蓬瀛《ほうえい》のそこを望むに似たり。未《ひつじ》より子《ね》の時にいたるまで、演説数刻に及ぶ。これを聞くに、高峰の心やみ、渇仰の思ひ深し。「まことに凡夫解脱《ぼんぶげだつ》の直路《じきろ》は浄土の一門、念仏の要行にしかざりけり」と信解《しんげ》して、ながく上人に師事して、しばらくも座下を去らず、ひさしく一宗を習学して、つぶさに庭訓《ていきん》を受けられけり。翌年建久九年の春、上人選択集を聖光房に授けらる。「これ月輪《つきのわ》殿の仰せによりて、撰《えら》べる所なり。いまだ披露に及ばずといへども、汝は法器なり、伝持に堪へたり。早くこの書を写して、末代に広むべし」と仰せられければ、かたじけなく頂戴して受けぬ。「わが大師釈尊は、ただ法然上人なり」とぞ尊び申されける。同年八月に、上人の厳命を受けて、予州に下りて、念仏を勧む。その化《け》にしたがふ者、数を知らず。また建久十年二月に帰洛して、上人に奉仕す。それより元久元年七月にいたるまで六ケ年、寸陰を競《きお》ひて釈文を研覈《けんかく》し、一宗の深奥をきはむる事、水を器物《うつわもの》にうつすがごとし。（四十六巻一段）

九州にいた聖光房弁長は、筑前国香月庄（今の八幡《やわた》）の生まれで、十四歳のときから天台宗を学んだ。二十二歳になった寿永二年（一一八三）の春、延暦寺に登り、東塔南谷の観叡の房舎に入り、ついで証真に仕え、天台宗の奥深い教義をきわめた。二十九歳になった建久元年（一一九〇）に故郷に帰り、油山の一寺の学頭に任じられた。三十二歳のとき、弟の気絶で世のはかなさを悟り、現世の名利を避けて、後世の救いを求めた。建久八年（一一九七）に上洛し、東山吉水の法然を訪ねた。上人は六十五歳、弁長は三十六歳であった。弁長は心のなかで、上人の知弁が深いといっても自分より勝るまいと思い、試すつもりで浄土教の要点を尋ねた。上人は「そなたは天台の学僧だから、三種の念仏に分けて説こう。第一は『摩訶止観』にいう念仏、第二は『往生要集』にいう念仏、第三は善導が立てた念仏である」と、それぞれについて詳しく述べた。その文義は広く、理解は深く、あたかも高い山を仰ぎ、深い海底をのぞき込むようであった。上人の講義は、午後二時ごろから始まって、真夜中の十二時ごろまでに及んだ。弁長のおごり高ぶる心はなくなり、上人を仰ぎしたう心が深まった。愚かで平凡な人が迷いの世界から逃れる近道は、浄土の教えと念仏の行ないだけである、という確信が強くなった弁長は、それから長く上人に師事した。わずかの間も上人のそばを離れず、浄土宗の教義を学習し、細かな教訓をうけた。翌年の建久九年（一一九八）の春、上人は弁長に『選択集』を授けて、「これは九条兼実の仰せで著わした。まだ公表していないが、そなたには仏法を伝える器量があるので、この書を持つにふさわしい人だ。早く写して後世に広めよ」といった。弁長はこの書をいただき、「私にとって大師たる釈尊は、ただ法然だけだ」といった。この年八月に、師命により伊予国におもむき、人びとに念仏を広めた。建久十年（一一九九）二月に京都にもどり、また上人に仕えた。それから元久元年（一二〇四）七月に故郷に帰るまで、六年の間、寸暇を惜しんで経文をきわめ、浄土宗の奥義をさぐり、水を器から器へうつすように、上人から伝受した。

弁長のことは、『伝法絵』（巻二）に「念仏の帰依おほしといへども、関東には熊谷入道、鎮西には聖光等、教門に入《いり》しより、他宗をのぞかざるともがら」とあり、*『琳阿本』（巻四）はこれをうけて、次のようにいう。

念仏の人おほしといへども、関東には熊谷、鎮西には聖光房、浄土の教門に入しより、他家をのぞまざる人なり。就中《なかんずく》聖光房は一山の同侶猶《なおちぎり》契あり。況《いわんや》証真法印の門人なり。かの法印は源空が甚深《じんじん》の同侶、後世菩提を契たりし人の弟子にてありしが、源空が弟子になりて八ケ年があひだ受学せし人也《なり》と云々。

また『法然聖人絵』（弘願本・巻二）は、

鎮西の聖光房かたりて云《いう》、我もと法地《ほうじ》房の弟子にて、天台宗をばならひたりしかども、出離生死の様をばおもひよらで過《すぎ》し程《ほ》どに、三十三のとし、おととの阿闍梨病によりて絶入して、ひつじの時よりいぬの時までありしに、生死の無常はじめておもひしられて、遁世したりしかど、いかなるべしともおはして、法然上人にまいりたりしかば、念仏申《もうす》べしとて、摩訶止観の念仏、往生要集の念仏、善導の御念仏、三重に分別して微々細々に仰《おおせ》られき。智恵の深事《ふかきこと》、大海にのぞめるがごとし。又《また》釈尊の御説法を聴聞するがごとし。これより一向専修の義となれりと云々。

法然の教えを受ける弁長（46巻１図）

と、かなり詳しくなる。しかし、『行状絵図』はこれら先行の「伝法絵」系の伝記を参照せず、弘安七年（一二八四）に道光《どうこう》（了恵《りょうえ》）が編纂した『聖光上人伝』に依拠しているところが多い。たとえば、「一宗の秘賾《ひじゃく》を証真に稟《う》く」「学成り望み遂げ、故郷に還る。時に年二十有九、建久元年庚戌也。次年一寺油山の学頭に補す」「子《なんじ》は天台の学徒、四明の門人なり。今須《すべから》く三重の念仏に分別すべし。一は摩訶止観の念仏、二は往生要集の念仏、三は善導勧化の念仏なり」「建久九年の春、月輪禅定《ぜんじよう》殿下の教命に依りて一軸の書を造り、選択集と号す。厳命を蒙りて流布せず。是《ここ》を以て世に聞こえあれども、写すに人なし。汝は法器の仁なり。須く我が法を伝へ密かに斯《こ》の書を写して末代に弘通《ぐずう》すべし」(以上、原漢文)などは、『行状絵図』にも類似の記事があらわれる。ただし、『選択集』の授与に関しては、『聖光上人伝』が建久十年(一一九九)二月に伊予から再び上洛して以降のこととするのを、『行状絵図』は読み誤ったらしく、「建久九年の春」としている。

＊図中の詞に「弟子弁阿は、上人入室の後、先《ま》づ伊州に遣はして、念仏を弘通す。鎮西に還りて光明寺を建立す。一切の衆生を教道し、往生を遂ぐ。宛《あたか》も本望の如し」とある(原漢文)。嘉禎四年(一二三八)の入滅まで記すので、追記とも考えられる。

弁長は、元久元年(一二〇四)八月に故郷の九州へ帰り、念仏弘通につとめた。安貞二年(一二二八)の冬、肥後の往生院で四十八日の別時念仏を修し、『末代念仏授手印』を著わして、他の門流の邪義を正し、法然の真意を明らかにしている。嘉禎四年閏二月二十九日、七十七歳で遷化した。

善恵房証空

西山《せいざん》の善恵房《ぜんねぼう》証空《しようくう》は、入道加賀権守《かがごんのかみ》親季朝臣《ちかすえあそん》法名証玄の子なり。久我《こが》の内府通親《みちちか》公の猶子《ゆうし》として、生《しよう》年《ねん》十四歳の時、元服せしめむとせられけるに、童子さらに諾《うべな》はず。父母あやしみて、一条堀川の橋占《はしうら》を問ひけるに、一人の僧、「真観清浄《しょうじょう》観、広大智恵観、悲観及《ぎゅう》慈観、常願常瞻仰《せんごう》」と唱へて、東より西へ行くありけり。宿善のうちに催すなりけりとて、出家を許さんとする時、師範の沙汰のありけるを聞きて、童子のいはく、「法然上人の弟子とならむ」と。これによりて建久元年、上人の室に入り、やがて出家せさせられて、解脱《げだつ》房と号す。ただし、笠置《かさぎ》の解脱上人と同名なるによりて、これを改めて善恵房と付けられき。その性《しょう》俊逸にして、一遍見聞するに、通達せずといふ事なし。上人に従ひたてまつりて、浄土の法門を稟承《ひんしょう》する事、首尾廿三年自十四歳至三十六歳なり。稽古に心を入れて、善導の観経《かんぎょう》の疏《しょ》を明け暮れ見られけるほどに、三部まで見破られたりけるとぞ、申し伝へ侍《はべ》る。(四七巻一段)

この聖《ひじり》の意巧《いぎょう》にて、人の心得やすからむために、自力根性の人にむかひては、白木《しらき》の念仏といふ事をつねに申されけり。(四七巻二段)

念仏の行《ぎょう》は、機の浄穢《じょうえ》をいはず、罪の軽重によらず、貴《とうと》きも卑しきも、智者も愚者も申せば、みな往生する行《ぎょう》なるを、自力根性の人は、定散《じょうさん》の色どりを指南として、彩色なき念仏をば往生せぬいたづらものぞと思へる事、しかるべからず。自力根性をすてて、他力門に向かへとなり。さればとて、大乗の悟りある人、深き領解《りょうげ》ある人、戒をたもてる人などの申す念仏は、悪《わろ》しとにはあらず。よくよくこの分別を弁《わきま》ふべきものなり。(四十七巻二段)

京都西山の善恵房証空は、源《みなもと》親季の子である。久我通親の養子として、十四歳のとき元服させようとしたが、少年は承諾しなかった。父母が不審に思って、一条堀川の戻橋《もどりばし》で橋占《はしうら》（橋を往来する人の言葉によって占う）をしたところ、一人の僧が「真観清浄観、広大智恵観、悲観及慈観、常願常瞻仰」と唱えて西へ去った。これは少年が前世での善業によって、出家したいと願う予言だと判断した。師匠をだれにするかの相談を聞いた少年は、法然の弟子になりたいと希望した。そこで建久元年（一一九〇）に上人のもとで出家した。解脱房と名乗ったが、笠置寺《かさぎでら》の貞慶《じょうけい》と法号が同じなので、改めて善恵房とつけられた。俊秀な才能をもち、いちど見聞すれば、何でもすぐに通達した。証空は上人から浄土の法門を伝え受けること、二十三年の長きに及んだ。学問には熱心で、善導の『観経疏』を読むことに明け暮れ、三回も擦り破ったほどである。

この証空は、念仏を心得やすくさせる方法を考え出し、自力で修行したいと思う人に対して、いつも「白木の念仏」ということを説いた（この「白木の念仏」の要点を簡単に述べる箇所を、以下に引用する）。

念仏の行は、機根（資質や能力）の浄穢を問わず、罪の軽重によらず、身分の尊卑にかかわらず、知者も愚者も、唱えれば誰でもみな往生できる行である。自力に頼ろうとする人は、ほかに定善・散善など多くの修行という色彩をつけることに目標を置いて、色のない念仏では往生できない無用なものと思っているが、これは間違いである。自力という色をつけようとする心がけを捨てて、ただ念仏だけの他力に向かう、これが証空の「白木の念仏」という教えである。しかしながら、すでに大乗の教えで悟りを得ている人、深く教義を理解している人、厳しく戒律を持《たも》っている人などの唱える念仏が悪いというのではない。この点をよく分別すべきだ。

出家する証空(47巻１図)

『行状絵図』は、「法流を広むる遺弟《ゆいてい》より、慈訓を守る道俗に至るまで、まのあたり面授したてまつれるに限りて、旧記に載せ、口実に備ふるところ集めて、その行状をしるす」と、巻四十三から巻四十八までを法然の弟子たちの伝記に充てている。巻四十三に法蓮房信空・西仙房心寂・正信房湛《たん》空・信寂房・乗願房宗《しゅう》源、巻四十四に隆寛・遊蓮房円照、巻四十五に勢観房源智・禅勝房・俊乗房重源、巻四十六に聖光房弁長、巻四十七に善恵房証空、巻四十八に空阿・念仏房・真観房感西・金光房をとりあげている。一人一巻は弁長とこの証空だけで、舜昌の時代における浄土宗は、鎮西派と西山派が二大潮流であったことを示している。だが、証空の記事は、その大部分を「白木の念仏」の説明、津戸為守（尊願）との往復書簡、入道将軍（九条頼経《よりつね》）宛書状などに割き、証空自身の事績を叙述するところが少ない。

証空は宝治元年（一二四七）十一月二十六日に七十一歳で遷化しているから、治承元年（一一七七）の生まれだ。橋占で一人の僧が唱えたのは、『法華経』普門品《ふもんぼん》の「真《まこと》の観、清浄の観、広大なる智恵の観、悲の観及び慈の観あり、常に願い常に瞻仰《あおぎみ》るべし」という偈文であった（原漢文）。出家の動機、房号などの話は、至徳三年（一三八六）に実道（仁空）が撰述した『西山上人縁起』にも詳しく見える。ここでは先祖を「天暦《てんりやく》聖主の皇胤」（村上天皇の子孫）とし、前掲の偈文を聞いたのは母親であったとする。記事のほとんどを『行状絵図』によった『法然上人伝』（九巻伝）がこの二点を踏襲しているので、『法然上人伝』（九巻伝）の成立が『西山上人縁起』より以後であったことを示唆している。

なお、「白木の念仏」は証空の造語だが、肝心の『西山上人縁起』には見えない。

あとがき

原本であれ、写本・模本であれ、全巻そろって現存する法然絵伝は、『伝法絵』『琳阿本』『古徳伝』『行状絵図』しかない。私はこれらを総称して、四大法然絵伝と呼ぶことにする。本書では、四大法然絵伝のうちで最も完成された『行状絵図』をとりあげて、〃伝記における法然像〃を描くことを試みた。その際、ほかの法然絵伝と比較することで、*伝記の生成過程を明らかにしようと努めた。

＊『法然上人伝記』（九巻伝）も、「いま九巻の絵を作して、九品の浄業にあて、一部の功力を終て、一宗の安心を全くせんが為に、諸伝の中より要をぬき肝をとりて、或《あるい》は紕謬《ひびゅう》をただし、或は潤色を加えて、後賢におくりて、共に仏国を期せんと也《なり》」と言い（巻九下）、詞書しか現存しないが、もとは絵巻物の伝記であり、しかも全巻を具備するので、比較対照の法然絵伝の中に入れるべきだと思う。しかし、この伝記は『行状絵図』よりも後に成立したと考えられ、『行状絵図』にいたる伝記の生成過程をたどる史料に用いることは、躊躇されるのである。

『行状絵図』は絵巻物として優美な作品である。宗派では「勅修御伝」と呼び、最も権威ある伝記として尊んでいる。しかし、法然を信奉する人びとにとって身近な存在ではない。全巻そろって展示されることは物理的に難しく、実物を拝観できる眼福を得る人はまれであろう。

写真版の書物が公刊されているので、手にとるように見ることは可能である。それでもなお、親しみがもてないのが実感だ。

その理由の第一は、法然絵伝の中では群を抜いて長大なボリュームをもつことである。しかも第二に、現代の人にとって通読に骨がおれるのは、いわゆる古文に属する文体で書かれているからである。絵巻物の絵図は楽しく見られても、詞書は漢字と変体仮名の草書体に苦しみ、読みこなせない。この二つがネックとなって、『行状絵図』を敬遠させているのだ。

そこで本書は、第一の点に対処するため、法然の生涯にトピックスとなる事項の記事を選んで読むという形を試みた。『行状絵図』は巨視的には〈紀伝体〉の史書といえるが、本編に当たる法然の伝記は、年代順に記事を配列していない。また枝葉末節のことがらに、やたらと詳しい記述に出会うことがある。法然の伝記を調べるのに『行状絵図』が案外と不便なのは、ひとえにこのためだ。

さらに『行状絵図』にかぎって、原文の用字法を尊重しつつ読みやすさを考慮し、漢字を仮名に、仮名を漢字に書き換えた。本書を読んで研究を深める方は、ぜひとも原文に直接当たられることを望む。つぎに簡潔な現代語訳をつけている。古典文学を読むことに自信のある方は、ここを飛ばしていただきたい。そして、掲載した『行状絵図』の記事に関連する伝記的な解説と、若干の私見を提示しておいた。事項によって精粗まちまちであるが、容赦されたい。なお、本書において史料を原文のまま引用することは避けられないが、漢文は読み下した。

ところで、法然伝の研究はかなりの蓄積がある。本書を執筆するに当たり、多くの論文・著書を参照した。煩わしさを避けるため、いちいち注記しなかったが、そのなかで『行状絵図』とほかの法然絵伝との比較対照には、法然上人伝研究会編『法然上人伝の成立史的研究』（全四巻・知恩院・昭和三十六～四十年）と、その個別研究ともいうべき三田全信著『成立史的法然上人諸伝の研究』（光念寺・昭和四十一年）が大変役に立った。昭和三十六年（一九六一）の法然上人七百五十年大遠忌《だいおんき》を記念して、当時の知恩院門跡・岸信宏猊下《げいか》を中心に、三田全信師ら法然伝研究者が共同で、『行状絵図』の全記事を他伝と対照するという煩瑣な作業の成果であった。この研究成果は、法然絵伝の生成過程を考察するのに不可欠の文献だが、単なる伝記事の比較にすぎないと見られるのか、あまり利用されていない。

先にも述べたように、『行状絵図』は原文で読みこなすには骨がおれる。現代語訳が必要だが、『行状絵図』を現代語訳したものは少ない。これまでに刊行されているのは、早田哲雄著『勅修法然上人御伝全講』（全十冊・西念寺・昭和四十二～四十七年）、村瀬秀雄著『全訳法然上人勅修御伝』（常念寺・昭和五十七年）、大橋俊雄著『法然上人伝』（全二冊・春秋社・平成六年）だけである。いずれも語釈には優れているが、遺憾なことに歴史的な解説や他伝との比較などに力点を置いていない。

ここでお気づきと思うが、上記の書物が大橋俊雄師のもの以外いずれも私家版で、出版社からの発行ではないのである。一般読書人や研究者の目にふれずに、その発行から時の経過とともに世に知られず埋没していく。これはまことに残念というほかない。平成二十三年に法然上人の八百年大遠忌を迎える。これを勝縁として、平明な法然像が多くの人びとに受けいれられるように努めることが、吉水の流れをくむ者の責務だと思う。本書がその役に立てれば、著者にとって望外の幸せである。

最後になったが、本書の出版に際して、佛教大学通信教育部総務課長の松島吉和氏には構成・校正に加えて、挿入写真の選定などの雑事をこなしていただいた。ここに記して感謝の念をあらわしたい。また思文閣出版編集長の林秀樹氏には、出版に関してなにかとお世話になった。謝意を述べたく思う。

なお本書は、文部科学省のオープン・リサーチ・センター整備事業に採択された佛教大学アジア宗教文化情報研究所の研究プロジェクト「アジアにおける宗教文化の総合研究と研究成果の情報化による高度利用」の中の研究班「法然上人絵伝の基礎的研究」における研究成果の一部を公刊するものである。

平成十七年二月十日　　著者しるす

⊙著者略歴⊙

中井　真孝（なかい　しんこう）

1943年　滋賀県生
1967年　京都府立大学文家政学部文学科卒業
1972年　大阪大学大学院文学研究科博士課程（国史学専攻）修了
1974年　佛教大学文学部専任講師
1978年　佛教大学文学部助教授
1985年　佛教大学文学部教授
1991年　文学博士（佛教大学）
1997年　佛教大学副学長
1999年　佛教大学学長
著書：『日本古代の仏教と民衆』（評論社）『京都浄土宗寺院文書』（共編，同朋舎出版）『行基・鑑真』（共編，吉川弘文館）『日本古代仏教制度史の研究』（法蔵館）『行基と古代仏教』（永田文昌堂）『朝鮮と日本の古代仏教』（東方出版）『法然伝と浄土宗史の研究』（思文閣出版）『日本の名僧⑦　念仏の聖者　法然』（編，吉川弘文館）

法然絵伝《ほうねんえでん》を読《よ》む　　佛教大学鷹陵文化叢書12

2005（平成17）年３月10日　発行

定価：本体1,800円（税別）

著　者　中井真孝
発行者　佛教大学通信教育部長　原田敬一
発行所　佛教大学通信教育部
603-8301　京都市北区紫野北花ノ坊町96
電話　075－491－0239（代表）
制作・発売　株式会社思文閣出版
606-8203　京都市左京区田中関田町2-7
電話　075－751－1781（代表）

印刷・製本　株式会社図書印刷同朋舎

ISBN4-7842-1235-3　C1313